Aufläufe und Gratins

vegetarisch raffiniert

Carine Buhmann

Aufläufe und Gratins
vegetarisch raffiniert

MIDENA

Die Deutsche Bibliothek – CIP-Einheitsaufnahme

Buhmann, Carine:
Aufläufe und Gratins – vegetarisch raffiniert /
Carine Buhmann. - Augsburg : Midena, 1997
    ISBN 3-310-00427-9

Midena Verlag, Augsburg
© 1997 Weltbild Verlag GmbH, Augsburg
Alle Rechte vorbehalten

Lektorat: Léonie Haefeli-Schmid
Layout: Cornelia Osterbrauck, München;
    Marion Kraus, Augsburg
Umschlagbild: Evelyn und Hans-Peter König, Zürich
Umschlaggestaltung: Michael Ballermann, Köln
Foodfotos: Evelyn und Hans-Peter König, Zürich
Freisteller: MEV, Augsburg: S. 15, 21, 56, 59, 75, 91, 99;
    mt-color, München: S. 15, 31, 36, 39, 46, 59, 75, 84, 91, 93
Satz: Gesetzt aus der Leawood von Marion Kraus,
    Augsburg
Lithos: GAV Prepress GmbH, Gerstetten
Druck und Bindung: Offizin Andersen Nexö Leipzig – ein
Betrieb der INTERDRUCK, Graphischer Großbetrieb GmbH
Printed in Germany

Gedruckt auf umweltfreundlich elementar chlorfrei
gebleichtem Papier

ISBN 3-310-00427-9

Inhalt

Vorwort 8
Wissenswertes über Aufläufe und Gratins 9
Tipps und Tricks rund um die Ofengerichte 11

Gemüserezepte –
Die Saisonküche aus dem Ofen

Wurzelgemüse-Gratin 16
Schwarzwurzel-Gratin 17
Zucchini-Tomaten-Gratin 18
Auberginen-Auflauf 20
Tomatensauce - Grundrezept 21
Ratatouille-Gratin 22
Gemüse-Moussaka 24
Mangold-Gratin 25
Überbackene Wirsingwickel 26
Brokkoli-Auflauf 28
Fenchel-Auflauf 30
Kürbis-Auflauf 31
Gemüsecurry-Gratin 33
Kohlrabi-Sellerie-Auflauf mit Trauben 34
Pastinaken-Möhren-Auflauf 35
Topinambur-Apfel-Gratin 36
Möhren-Lauch-Auflauf mit Sprossen 37

Kartoffelrezepte –
Klassische und raffinierte neue Kombinationen

Kartoffel-Auflauf mit Zuckermais-Lauch-Gemüse 40
Süß-scharfes Kartoffel-Gratin 42
Kartoffel-Apfel-Auflauf 43
Kartoffel-Wirsing-Gratin 45
Einfaches Kartoffel-Birnen-Gratin 46

Kartoffel-Topinambur-Gratin. 47

Kartoffel-Gemüse-Gratin 48

Kartoffel-Zucchini-Gratin 50

Kartoffel-Steinpilz-Gratin 52

Kartoffel-Spargel-Gratin 53

Klassisches Kartoffel-Gratin 55

Kartoffel-Sauerkraut-Auflauf. 56

Kartoffel-Blumenkohl-Gratin. 57

Getreiderezepte –
Körnige Überraschungen

Polenta-Tomaten-Gratin 60

Reis-Bohnen-Gratin 61

Weizen-Gemüse-Auflauf. 62

Mais-Gemüse-Gratin 63

Überbackene Pfannkuchen mit Spinatfüllung 64

Getreide-Rosenkohl-Auflauf 66

Überbackene Tomaten mit Reisfüllung 67

Gerste-Blumenkohl-Auflauf. 69

Hirse-Gemüse-Auflauf. 70

Überbackene Kohlrabi mit Grünkernfüllung. 72

Nudelrezepte –
Für alle Pasta-Liebhaber

Nudel-Lauch-Gratin 76

Nudel-Pilz-Auflauf. 77

Nudel-Gemüse-Auflauf 78

Nudel-Spargel-Auflauf 80

Überbackene Cannelloni mit Gemüsefüllung. 82

Älpler-Makkaroni-Gratin. 83

Makkaroni-Paprika-Auflauf 84

Buntes Spiralnudel-Gratin 86

Lasagne mit Gemüsefüllung 87

Lasagne mit Kürbisfüllung 89

Süßspeisen –
Süßfruchtiges zum Verführen

Birnen-Grieß-Auflauf 92

Apfel-Auflauf 93

Orangen-Grapefruit-Gratin 94

Kirsch-Auflauf 96

Hirse-Apfel-Auflauf 97

Erdbeer-Quark-Auflauf 99

Birnen mit Zabaione überbacken 100

Pfirsich-Auflauf 101

Pflaumen-Feigen-Gratin 103

Stachelbeer-Zwieback-Auflauf 104

Vanillesauce 105

Früchte-Reis-Auflauf 106

Aprikosen-Haferflocken-Auflauf 108

Rhabarber-Auflauf 109

Aprikosen-Gratin 110

Register 112

Wo nicht anders vermerkt, sind die Rezepte
für 4 Personen berechnet.

Abkürzungen

dl   = Deziliter

EL   = Esslöffel

g   = Gramm

ml = Milliliter

Msp = Messerspitze

TL   = Teelöffel

Vorwort

Aufläufe und Gratins - bereits bei diesen Worten bekommt man Appetit und Lust auf knusprige, fein duftende Ofengerichte. Dieses Kochbuch bietet Ihnen eine Fülle von köstlichen und neu kreierten Rezepten, die Sie, Ihre Familie und Ihre Gäste bestimmt begeistern werden.

Alle Rezepte sind ohne viel Zeit- und Arbeitsaufwand nachzukochen und benötigen keine speziellen Vorkenntnisse. Sie brauchen nur Gemüse, Kartoffeln, Nudeln oder Getreide zu kochen, einen einfachen Guss aus Eiern, Sahne, Milch und Käse zu rühren, alles zu mischen und schon können Sie Ihren Auflauf in den Backofen schieben. Und haben Sie einmal Reste vom Vortag, dann überbacken Sie das Ganze mit etwas Käse... und fertig ist Ihr Ofengericht. Für Kinder und andere süße Schleckermäuler finden sich ebenfalls viele Vorschläge für feine gratinierte Süßspeisen.

Nutzen Sie das jahreszeitliche Angebot von Gemüsen und Früchten und scheuen Sie sich nicht, eigene Rezepte auszuprobieren. Ihrer Kochfantasie sind keine Grenzen gesetzt, denn die Zutaten lassen sich vielseitig kombinieren.

Unkompliziert mit frischen Naturprodukten kochen und lustvoll genießen... dazu wünsche ich Ihnen viel Vergnügen und guten Appetit!

Carine Buhmann

Wissenswertes über Aufläufe und Gratins

Aufläufe und Gratins gehören zweifellos zu den beliebtesten und einfachsten Gerichten in der klassischen vegetarischen Küche. Sie sind in der Regel schnell und unkompliziert zuzubereiten und begeistern große und kleine Feinschmecker. Ob Gemüse, Nudeln, Kartoffeln, Früchte, die köstlichen Ofenrezepte lassen sich so abwechslungsreich gestalten, dass immer neue interessante und schmackhafte Kreationen entstehen.

Für die Gästebewirtung eignen sich Aufläufe und Gratins besonders gut, denn die meisten Gerichte lassen sich problemlos im Voraus zubereiten.

Während das französische Wort »gratin« für alle überbackenen Gerichte steht, wird im deutschen Sprachgebrauch zwischen Auflauf und Gratin unterschieden. In der Praxis ist diese Unterscheidung aber nicht immer ganz einfach, denn auch ein Auflauf wird überbacken, also gratiniert.

Grundsätzlich finden sich in einem Auflauf Eier, ein Gratin dagegen enthält meist nur einen Sahneguss. Die Backzeit von Aufläufen ist in der Regel länger als die von Gratins. Die Auflaufformen sind deshalb meistens hoch, damit die Gerichte beim Backen nicht austrocknen und eventuell noch aufgehen können (z.B. süße Aufläufe mit Eischnee).

Gratinieren bedeutet überbacken. Oft sind die Zutaten für ein Gratin bereits vorgekocht, so dass nur noch eine kurze Backzeit nötig ist. Die Backofentemperatur muss jedoch hoch sein, damit sich eine schöne Kruste bilden kann. Eine Ausnahme bildet das klassische französische Kartoffelgratin, das in der Regel aus rohen Kartoffelscheiben zubereitet wird.

Zum Gratinieren eignen sich flache und weite Backformen. Gratins sollten möglichst in der Mitte oder noch etwas höher eingeschoben werden. Bei einem Früchterezept mit luftiger Eimasse genügt meist ein kurzes Gratinieren (überbacken) auf Grillstufe.

Für Aufläufe und Gratins können die verschiedensten süßen und pikanten Zutaten verwendet werden, die nach Lust und Laune einzeln, lagenweise gemischt oder sorgfältig vermischt werden. Aus Resten von Gemüse, Nudeln, Kartoffeln und Getreide werden so köstliche Ofenrezepte. Süße Varianten mit Früchten sind übrigens bei Kindern besonders beliebt.

Tipps und Tricks rund um die Ofengerichte

Auflauf vorbereiten: Wenn das Rezept keinen Eischnee enthält, kann auch ein Auflauf vorbereitet werden. Andernfalls zieht man kurz vor dem Backen den Eischnee sorgfältig unter die bereits vorbereitete Masse und schiebt den Auflauf sofort in den vorgeheizten Backofen.

Backofen-Einschub: Aufläufe werden in der Regel im unteren Teil des Backofens eingeschoben. Der Guss aus Eiern und Milch/Sahne sollte fest werden, bevor es zu einer starken Krustenbildung kommt. Auch geht der Eischnee besser auf.

Backofen-Temperatur: Je nach Backofentyp können die Zeit- und Temperaturangaben variieren. Mit einem speziellen Ofenthermometer kann die Temperatur während des Backens kontrolliert werden.

Backofen vorheizen: Die Backzeiten beziehen sich auf den vorgeheizten Backofen.

Eierguss: Auf 2 Eier kommen in der Regel 250 ml/ 2,5 dl Flüssigkeit. Je nachdem ob Milch, Sahne, saure Sahne, Reibkäse, gemahlene Nüsse usw. verwendet werden, reduziert sich die Eiermenge.

Eierguss-Ersatz: Anstelle des einfachen Eigusses kann auch eine Tomaten-, Käse- oder Kräutersauce verwendet werden.

Eischnee: Süße Aufläufe werden mit Eischnee luftiger. Das steif geschlagene Eiweiß sollte vorsichtig unter die Masse gehoben werden, damit der Auflauf schön locker und luftig wird.

Gratin vorbereiten: Die vorgekochten Zutaten wie Gemüse, Nudeln, Kartoffeln oder Getreide bis zur Verwendung im Kühlschrank aufbewahren. Auch der Guss kann vorbereitet und kühl gestellt werden. Bei Verwendung von gekühlten Zutaten erhöht sich die Backzeit leicht. Es ist deshalb ratsam, das Gratin zuerst mit einer Folie abzudecken, damit es bei längerer Backzeit nicht austrocknet.

Füllt man vorgekochte und noch heiße Zutaten in eine Gratinform, genügt es in der Regel, das Gericht auf Grillstufe kurz zu überbacken. Dies empfiehlt sich auch bei Früchtegratins, die mit einer luftigen Eimasse überzogen und nur kurz überbacken werden müssen.

Kalorien: Wer Kalorien sparen will, ersetzt die Sahne einfach durch Milch und verwendet nur wenig Käse zum Bestreuen. Auch Rezepte mit Sahnequark lassen sich problemlos mit Magerquark zubereiten.

Kartoffeln: Für Kartoffelgratins eignen sich eher mehligkochende Kartoffelsorten (Kochtyp B oder C): z.B. Agria, Matilda, Christa, Bintje, Urgenta, Granola. Der hohe Stärkegehalt bindet den Guss besser und das Gratin wird sämig. Festkochende Kartoffelsorten mit niedrigem Stärkegehalt (Kochtyp A) wie Charlotte oder Nicola zerfallen auch bei längerem Kochen nicht und bleiben schön fest.

Käse: Zum Überbacken empfehlen sich reifere Käsesorten von kräftigem Geschmack. Geeignet sind
beispielsweise: Greyerzer Käse, Appenzeller Käse,
Raclettekäse, Gouda, Fontina, Edamer oder reifer Bergkäse. Pecorino, Sbrinz oder Parmesan sind sehr trocken
und können – wenn ohne Guss über das Gericht ge-
streut – bei längeren Backzeiten verbrennen. Am besten
mischt man diese Käsesorten unter die Sauce oder den
Guss.

Kruste: Damit die Kruste von Aufläufen und Gratins
nicht zu braun wird, deckt man das Ofengericht gegen
Ende der Backzeit mit einer Folie ab.

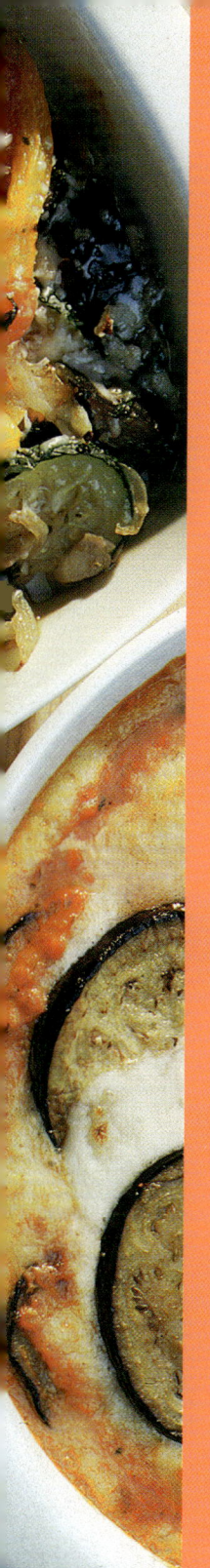

Gemüserezepte

Die Saisonküche aus dem Ofen

Für 2 bis 3 Personen

250 g Möhren/Karotten	
250 g Knollensellerie	
250 g Pastinaken	
250 g Topinambure	

Béchamelsauce

1 EL Butter

2 EL Weizenvollkornmehl
(Type 1900)

450 ml/4,5 dl
Gemüsebrühe

300 ml/3 dl Milch

100 g geriebener Sbrinz

Pfeffer aus der Mühle

geriebene Muskatnuss

Meersalz

Butter für die Form

Tipp

Für ein rasches Gratin werden die Gemüsestücke zuerst im Dampf gegart. Dann nur die halbe Menge Béchamelsauce zubereiten und über das Gemüse verteilen. Im vorgeheizten Backofen bei 220 Grad 20 Minuten überbacken.

Wurzelgemüse-Gratin

1. Möhren, Sellerie und Pastinaken putzen und schälen. Die Topinambure unter fließendem Wasser reinigen. Sämtliches Wurzelgemüse in kleine Stücke schneiden.

2. Das Wurzelgemüse in eine gebutterte Gratinform mit gut schließendem Deckel verteilen. Mit Pfeffer und Salz würzen.

3. Den Backofen auf 180 Grad vorheizen.

4. Für die Béchamelsauce die Butter in einer Pfanne schmelzen, das Vollkornmehl beifügen und unter Rühren kurz andünsten. Mit der Gemüsebrühe und der Milch aufgießen, unter ständigem Rühren mit dem Schneebesen aufkochen, etwa 5 Minuten leicht köcheln lassen. Den geriebenen Sbrinz unterrühren, mit Pfeffer, Muskatnuss und Salz würzen.

5. Die Béchamelsauce über das Wurzelgemüse verteilen, den Deckel aufsetzen.

6. Das Wurzelgemüse-Gratin im vorgeheizten Backofen bei 180 Grad etwa 45 Minuten garen. Anschließend ohne Deckel weitere 15 Minuten bei etwa 220 Grad überbacken.

Produktinfo:

Der Topinambur, auch Erdbirne oder Zuckerkartoffel genannt, hat eine eigenwillige, spindelförmige, bucklige Form. Roh schmeckt die Wurzelknolle nussig, gekocht erinnert sie an Artischocken.

Schwarzwurzel-Gratin

Für 2 bis 3 Personen

1. Die Schwarzwurzeln waschen, die Enden kappen. In einem weiten Topf in wenig Wasser 10 bis 15 Minuten garen. Die Stangen schälen, dann in 5 cm lange Stücke schneiden.

2. Den Backofen auf 220 Grad vorheizen.

3. Die Schalotte fein hacken und in der Butter andünsten. Das Mehl und die Milch beifügen und mit dem Schneebesen gut verrühren, aufkochen und den geriebenen Sbrinz beifügen. Mit Pfeffer, Muskatnuss und Kräutersalz würzen.

4. Das Ei und den Senf über dem heißen Wasserbad kräftig aufschlagen und sorgfältig unter die Käsesauce rühren.

5. Die Schwarzwurzeln in eine mit Butter eingefettete Gratinform verteilen und die Sauce darüber gießen.

6. Das Schwarzwurzel-Gratin im vorgeheizten Backofen bei 220 Grad etwa 20 Minuten backen. Mit dem fein geschnittenen Schnittlauch bestreuen.

Variante:
Zur Abwechslung weniger Schwarzwurzeln und dafür anderes Gemüse wie Möhren/Karotten, Lauch usw. nehmen. Dazu passen Naturreis oder im Dampf gegarte Kartoffeln.

700 g Schwarzwurzeln

Sauce
1 kleine Schalotte
1 TL Butter
2 EL Weizenvollkornmehl (Type 1900)
250 ml/2,5 dl Milch
50 g geriebener Sbrinz
Pfeffer aus der Mühle
geriebene Muskatnuss
Kräutermeersalz
1 Freilandei
3 EL Senf

1 Bund Schnittlauch

Butter für die Form

Für 2 bis 3 Personen

500 g Tomaten
500 g Zucchini
300 g Raclettekäse
Pfeffer aus der Mühle
Meersalz
1 kleine Zwiebel
1 Knoblauchzehe
1 Zweiglein Thymian
einige Basilikumblätter
3 EL kaltgepresstes Olivenöl
Butter für die Form

Tipp

Für eine Hauptmahlzeit können zusätzlich drei im Dampf gegarte, geschälte und in Scheiben ge- schnittene Schalenkartoffeln abwechselnd mit den Zucchini- und Tomaten- scheiben eingeschichtet werden.

Zucchini-Tomaten-Gratin

1. Den Stielansatz der Tomaten kreisförmig heraus- schneiden, die Tomaten in 5 mm dicke Scheiben schneiden. Die Zucchini beidseitig kappen, in 5 mm dicke Scheiben schneiden. Den Raclettekäse in feine Scheiben schneiden.

2. Eine Gratinform mit Butter einfetten. Die Ge- müse- und die Käsescheiben abwechselnd ziegelartig einschichten. Mit Pfeffer und Salz würzen.

3. Den Backofen auf 220 Grad vorheizen.

4. Zwiebel, Knoblauchzehe, gezupfte Thymian- blättchen und Basilikumblätter fein hacken, mit dem Olivenöl verrühren. Die Marinade über das vorbereitete Gratin verteilen.

5. Das Zucchini-Tomaten-Gratin im vorgeheizten Backofen bei 220 Grad rund 25 Minuten backen.

Variante:
Den Raclettekäse kann man auch gut durch Mozzarella ersetzen.

Auberginen-Auflauf

800 g Auberginen

2-3 EL kaltgepresstes Olivenöl

Guss

2 Freilandeier

100 ml/1 dl Milch

80 g geriebener Sbrinz

2 Knoblauchzehen

Pfeffer aus der Mühle

Kräutermeersalz

250 ml/2,5 dl Tomaten-sauce, Seite 21

150 g Mozzarella

Butter für die Form

1. Den Stielansatz der Auberginen wegschneiden, in 1 cm dicke Scheiben schneiden. Beidseitig leicht salzen, einige Minuten ziehen lassen, dann die Scheiben mit Küchenpapier trocken tupfen. Im mäßig warmen Olivenöl beidseitig kurz dünsten.

2. Den Backofen auf 220 Grad vorheizen.

3. Für den Guss die Eier und die Milch gut verrühren, den geriebenen Sbrinz und die durchgepressten Knoblauchzehen unterrühren. Mit Pfeffer und wenig Kräutersalz würzen.

4. Den Mozzarella in feine Scheiben schneiden.

5. Den Boden einer mit Butter eingefetteten Auflauf-form mit Auberginenscheiben bedecken, diese mit Tomatensauce überziehen. Dann folgt eine Lage Auber-ginen, diese mit Guss überziehen. Abschließen mit einer Lage Auberginen und der Tomatensauce. Mit einigen Tropfen Olivenöl beträufeln und wenig Pfeffer nachwürzen.

6. Den Auberginen-Auflauf im vorgeheizten Backofen bei 220 Grad rund 30 Minuten backen. Den Auflauf rund 10 Minuten vor Ende der Backzeit mit den fein ge-schnittenen Mozzarellascheiben belegen.

Abbildung: Seite 23 (oben)

Tomatensauce – Grundrezept

1. Die Zwiebel fein hacken. Die Möhre mit der Rohkostreibe fein reiben. Die Tomaten an der Spitze kreuzweise einschneiden, in kochendes Wasser tauchen, bis sich die Haut zu lösen beginnt. Die Tomaten schälen, den Stielansatz kreisförmig herausschneiden, würfeln. Die Kräuter fein schneiden.

2. Die fein gehackten Zwiebeln und den durchgepressten Knoblauch im Olivenöl andünsten. Die fein geriebenen Möhren etwa 5 Minuten mitdünsten. Mit dem Rotwein auffüllen. Tomatenwürfel, Tomatenpüree und Kräuter beifügen. Mit Gemüsebrühepulver, Pfeffer und Kräutersalz würzen. Etwa 25 Minuten bei niedriger Temperatur köcheln lassen.

1 kleine Zwiebel

2-3 Knoblauchzehen

1 EL kaltgepresstes Olivenöl

1 mittelgroße Möhre/ Karotte

150 ml/1,5 dl Rotwein

300 g Fleischtomaten

3 EL Tomatenpüree

1 Bund frische Kräuter, z. B. Oregano, Basilikum

1 EL Gemüsebrühepulver

Pfeffer aus der Mühle

Kräutermeersalz

Tipp

Im Winter die frischen Tomaten durch geschälte Dosentomaten ersetzen und die frischen Kräuter durch getrocknete.

Für 2 bis 3 Personen

1-2 gelbe Paprikaschoten
2-3 Fleischtomaten
1 Aubergine
2-3 Zucchini
2 mittlere Zwiebeln
2 große Knoblauchzehen
2-3 EL kaltgepresstes Olivenöl
1-2 TL Stärkemehl
1 Bund frische Kräuter, z.B. Thymian, Basilikum, Oregano
Pfeffer aus der Mühle
Meersalz
100 g Reibkäse
Butter für die Form

Ratatouille-Gratin

1. Die Paprikaschoten halbieren, den Stielansatz und die Kerne entfernen, die Schoten quer in Streifen schneiden. Den Stielansatz der Tomaten kreisförmig herausschneiden. Bei der Aubergine den Stielansatz wegschneiden. Tomaten und Aubergine in mittelgroße Würfel schneiden. Die Zucchini beidseitig kappen, in 5 mm dicke Scheiben schneiden. Die Zwiebel in feine Streifen schneiden und den Knoblauch fein hacken.

2. Den Backofen auf 220 Grad vorheizen.

3. Die Zwiebelstreifen und den gehackten Knoblauch im Olivenöl andünsten. Sämtliches Gemüse beifügen, bei niedriger Temperatur (ohne Wasserzugabe) etwa 10 Minuten dünsten. Falls das Gemüse zu viel Wasser gezogen hat, die Flüssigkeit mit wenig Stärkemehl binden. Die fein geschnittenen Kräuter untermischen, mit Pfeffer und Salz würzen.

4. Das Ratatouille in eine mit Butter eingefettete weite Gratinform verteilen. Mit dem Reibkäse bestreuen.

5. Im vorgeheizten Backofen bei 220 Grad 10 Minuten überbacken.

Abbildung:
Ratatouille-Gratin (unten)
Auberginen-Auflauf (oben), Rezept Seite 20

Gemüse-Moussaka

300 g Auberginen

400 g Zucchini

400 g Tomaten

600 g gekochte Schalenkartoffeln

3 EL kaltgepresstes Olivenöl

50 ml/0,5 dl Gemüsebrühe

Pfeffer aus der Mühle

Kräutermeersalz

Béchamelsauce

550 ml/5,5 dl Milch

40 g Butter

40 g Weizenvollkornmehl (Type 1900)

80 g geriebener Parmesan

1 Zweiglein Majoran

1 kleines Zweiglein Rosmarin

Pfeffer aus der Mühle

1 Prise geriebene Muskatnuss

Meersalz

Butter für die Form

60 g geriebener Parmesan

1. Den Stielansatz der Auberginen wegschneiden, Zucchini beidseitig kappen, den Stielansatz der Tomaten kreisförmig herausschneiden. Alles in 1 cm dicke Scheiben schneiden. Die Kartoffeln schälen und ebenfalls in 1 cm dicke Scheiben schneiden. Die Majoranblättchen zupfen, die Rosmarinnadeln abstreifen, beides fein hacken.

2. Die Auberginen- und Zucchinischeiben im Olivenöl anbraten, mit der Gemüsebrühe aufgießen. Einige Minuten dünsten lassen, mit Pfeffer und Kräutersalz würzen.

3. Die Kartoffelscheiben leicht salzen, einen Teil davon auf den Boden einer eingefetteten großen Gratinform legen. Auberginen-, Zucchini- und rohe Tomatenscheiben abwechselnd mit den restlichen Kartoffelscheiben einschichten. Immer wieder würzen.

4. Den Backofen auf 220 Grad vorheizen.

5. Für die Sauce die Milch und die Butter erwärmen und das Mehl unter kräftigem Rühren mit dem Schneebesen einrühren. Den Parmesan und die gehackten Kräuter beifügen. Mit Pfeffer, Muskatnuss und Salz abschmecken.

6. Die Sauce über das vorbereitete Gratin verteilen. Mit dem restlichen Parmesan bestreuen.

7. Gemüse-Moussaka im vorgeheizten Backofen bei 220 Grad etwa 30 Minuten backen.

Mangold-Gratin

Für 2 bis 3 Personen

1. Das Blattgrün von den Mangoldstielen schneiden. Das Grün in feine Streifen schneiden. Die Stiele von den groben Fasern befreien, in kleine Stücke schneiden. Die Zwiebel und die Knoblauchzehen fein hacken.

2. Die gehackten Zwiebeln und den gehackten Knoblauch im Olivenöl andünsten. Mangoldstücke und Blattgrünstreifen beifügen und kurz mitdünsten. Mit der Gemüsebrühe aufgießen, bei niedriger Temperatur einige Minuten köcheln lassen. Leicht pfeffern und beiseite stellen.

3. Den Backofen auf 200 Grad vorheizen.

4. Für den Guss den Gorgonzola oder den Roquefort zerbröckeln und mit der süßen Sahne cremig rühren.

5. Das Mangoldgemüse in eine mit Butter eingefettete Gratinform verteilen und den Guss darüber gießen.

6. Das Mangold-Gratin im vorgeheizten Backofen bei 200 Grad etwa 30 Minuten backen.

1 kg Stielmangold/
Krautstiele

1 kleine Zwiebel

2 Knoblauchzehen

3 EL kaltgepresstes
Olivenöl

100 ml/1 dl
Gemüsebrühe

Pfeffer aus der Mühle

Guss

150 g Gorgonzola
oder Roquefort

200 g/2 dl
süße Sahne/Rahm

Butter für die Form

Abbildung: Seite 27 (oben)

Für 2 bis 3 Personen

800 g Wirsing/Wirz

Füllung

80 g altbackenes Voll-
kornbrot, ohne Rinde

150 ml/1,5 dl Milch

1 Freilandei

200 g Sahne-/
Rahmquark

60 g geriebener
Greyerzer Käse

$1/2$ Bund Petersilie

Pfeffer aus der Mühle

Meersalz

100 ml/1 dl
Gemüsebrühe

30 g geriebener
Greyerzer Käse

Butter für die Form

Tipp

*Mit gedünsteten
Möhren/Karotten und
Naturreis oder im
Dampf gegarten Kartoffeln
servieren.*

Überbackene Wirsing-wickel

1. Den Wirsing putzen, die Blätter ablösen. Dicke Blattrippen flach schneiden. Die Blätter in einem großen Topf mit kochendem Wasser überwallen. Die Blätter aus dem Wasser nehmen, auf der Arbeitsfläche auslegen und mit Küchenpapier trocken tupfen.

2. Das Vollkornbrot klein würfeln und einige Minuten in der Milch einweichen.

3. Ei, Quark, geriebenen Greyerzer Käse und fein ge-hackte Petersilie unter die Brotmasse rühren, mit Pfeffer und Salz würzen.

4. Den Backofen auf 220 Grad vorheizen.

5. Die Füllung gleichmäßig auf die Wirsingblätter verteilen (kleinere Blätter übereinander legen) und auf-rollen.

6. Die Wirsingwickel nebeneinander in eine mit Butter eingefettete Gratinform legen. Die Gemüsebrühe dazu-gießen, die Wickel mit dem Käse bestreuen.

7. Die Wirsingwickel im vorgeheizten Backofen bei 220 Grad etwa 20 Minuten überbacken.

Variante:
Weißkohl/Kabis eignet sich ebenfalls für die Wickel.

Abbildung:
Überbackene Wirsingwickel (unten)
Mangold-Gratin (oben), Rezept Seite 25

900 g Brokkoli

2 Knoblauchzehen

Guss

2 Freilandeier

300 ml/3 dl Milch

180 g saure Sahne/
saurer Halbrahm

Pfeffer aus der Mühle

Kräutermeersalz

50 g geriebener
Parmesan

2 EL Pinienkerne

1 Orange, Saft und
wenig Schale

Butter für die Form

Brokkoli-Auflauf

1. Den Strunk des Brokkoli wegschneiden, diesen schälen und in Scheiben schneiden. Die Blumen in einzelne Röschen brechen. Scheiben und Röschen im Dampf kurz garen.

2. Den Backofen auf 200 Grad vorheizen.

3. Eine Auflaufform mit Butter einfetten. Die Knoblauchzehen direkt in die Form pressen und auf dem Boden verteilen.

4. Für den Guss Eier, Milch und saure Sahne verrühren. Mit Pfeffer und Kräutersalz würzen.

5. Das Brokkoligemüse in die Auflaufform verteilen, den Guss darüber gießen, mit dem geriebenen Parmesan bestreuen. Die Pinienkerne und die geriebenen Orangenschalen darüber streuen. Mit dem Orangensaft beträufeln.

6. Den Brokkoli-Auflauf im vorgeheizten Backofen bei 200 Grad etwa 25 Minuten backen.

Variante:
Dieses Rezept schmeckt auch mit Blumenkohl vorzüglich.

Fenchel-Auflauf

Für 2 bis 3 Personen

3-4 mittelgroße
Fenchelknollen

150 ml/1,5 dl
Gemüsebrühe

Guss

2 Freilandeier

200 ml/2 dl Milch

3 EL Kräuter-Frischkäse

3 EL saure Sahne/
saurer Halbrahm

1 Bund Dill

Pfeffer aus der Mühle

Kräutermeersalz

Butter für die Form

wenig Reibkäse,
nach Belieben

1. Die Fenchelknollen putzen, halbieren und längs in 3 mm dicke Streifen schneiden. In der Gemüsebrühe knapp weich garen.

2. Für den Guss Eier, Milch Kräuter-Frischkäse und saure Sahne verrühren. Den fein gehackten Dill unterrühren. Mit Pfeffer und Kräutersalz würzen.

3. Den Backofen auf 220 Grad vorheizen.

4. Die Fenchelstreifen in eine mit Butter eingefettete Auflaufform verteilen. Den Guss darüber gießen. Nach Belieben mit etwas Käse bestreuen.

5. Den Fenchel-Auflauf im vorgeheizten Backofen bei 200 Grad etwa 30 Minuten backen.

Variante:
Der Fenchel kann durch Brokkoli, Möhren/Karotten oder Knollensellerie ersetzt werden.

Kürbis-Auflauf

1. Die Zwiebel fein hacken. Den Kürbis schälen, entkernen und würfeln.

2. Die gehackten Zwiebeln und die durchgepressten Knoblauchzehen im Olivenöl andünsten. Die Kürbis-würfel mitdünsten. Mit dem Apfelsaft aufgießen, etwa 10 Minuten bei niedriger Temperatur köcheln lassen. Der Kürbis soll noch Biss haben. Die Kürbiswürfel in ein Sieb abgießen, dabei die Kochflüssigkeit auffangen.

3. Den Backofen auf 200 Grad vorheizen.

4. Für die Sauce die Kochflüssigkeit des Kürbis mit Gemüsebrühe auf 150 ml/1,5 dl ergänzen. Die Butter in einer Pfanne schmelzen, das Mehl dazugeben und andünsten. Die Kochflüssigkeit beifügen, unter Rühren aufkochen und bei niedriger Temperatur köcheln lassen, bis die Sauce sämig ist. Die Eier und die saure Sahne unterrühren. Mit Pfeffer, Muskatnuss und Salz würzen.

5. Die Kürbiswürfel in eine mit Butter eingefettete Auflaufform verteilen. Den Guss darüber gießen. Mit den gehackten Kürbiskernen und dem geriebenen Gouda bestreuen.

6. Den Kürbis-Auflauf im vorgeheizten Backofen bei 200 Grad etwa 20 Minuten backen.

Für 2 bis 3 Personen

1 kleine Zwiebel
2 Knoblauchzehen
2 EL kaltgepresstes Olivenöl
1 kg Kürbis, z.B. Poti-marron (Oranger Knirps)
50 ml/0,5 dl Apfelsaft

Sauce

1 EL Butter
2 EL Weizenvollkornmehl (Type 1900)
2 Freilandeier
250 g saure Sahne/ Sauerrahm
Pfeffer aus der Mühle
geriebene Muskatnuss
Meersalz

2 EL gehackte Kürbiskerne
50 g geriebener Gouda

Butter für die Form

Gemüsecurry-Gratin

1. Den Blumenkohl in kleine Röschen brechen. Den Stielansatz der Aubergine kappen, in mittelgroße Würfel schneiden. Die Möhren schälen und in 5 mm dicke Scheiben schneiden. Die grünen Bohnen putzen, in 3 cm lange Stücke schneiden. Die Zwiebeln und die Knoblauchzehen fein hacken.

2. Die gehackten Zwiebeln und den gehackten Knoblauch im Butterschmalz andünsten. Die Gewürze beifügen. Mit der Gemüsebrühe aufgießen. Das Gemüse dazugeben und bei niedriger Temperatur 25 bis 30 Minuten köcheln lassen. Das Lorbeerblatt entfernen. Die saure Sahne unterrühren. Nach Belieben nach-würzen.

3. Den Backofen auf 220 Grad vorheizen.

4. Das Gemüse abwechselnd mit dem gekochten Naturreis in eine mit Butter eingefettete Gratinform ver-teilen.

5. Das Gemüsecurry im vorgeheizten Backofen bei 220 Grad 20 Minuten überbacken.

Produktinfo:
»Curry« ist eine Mischung aus mindestens zwölf bis zwanzig Gewürzen. Eine typische Currymischung ent-hält Koriander, Kurkuma, Kreuzkümmel, Ingwer, Pfeffer und Pfefferschoten. Häufig werden auch Nelken, Zimt, Muskat, Senfsamen oder griechische Heusamen beige-mischt.

---

250 g Blumenkohl

200 g Auberginen

200 g Möhren/Karotten

150 g grüne Buschbohnen

1 kleine Zwiebel

2 Knoblauchzehen

1 EL Butterschmalz/ Bratbutter

1 TL Ingwerpulver

1-2 TL Curry, je nach gewünschter Schärfe

1 Msp Zimtpulver

1 Lorbeerblatt

Pfeffer aus der Mühle

200 ml/2 dl Gemüsebrühe

200 g saure Sahne/ Sauerrahm

250 g gekochter Langkorn-Naturreis

Butter für die Form

Tipp

Dieses Rezept lässt sich auch gut ohne Reis zubereiten. Man nimmt dann nur die Hälfte der sauren Sahne.

Für 2 bis 3 Personen

500 g Kohlrabi
500 g Knollensellerie
150 ml/1,5 dl Gemüsebrühe
15 blaue Weintrauben
1 EL fein geschnittener Liebstöckel

Guss

2 Freilandeier
250 g/2,5 dl süße Sahne/Rahm
Meersalz
Pfeffer aus der Mühle

5 EL Reibkäse
1 Handvoll Wal-/ Baumnüsse

Butter für die Form

Kohlrabi-Sellerie-Auflauf mit Trauben

1. Die Kohlrabi und den Sellerie schälen, in mittelgroße Würfel schneiden. Die Weintrauben halbieren und entkernen. Die Walnüsse grob hacken.

2. Die Kohlrabi- und die Selleriewürfel in der Gemüsebrühe knapp weich garen.

3. Den Backofen auf 200 Grad vorheizen.

4. Das Gemüse und die halbierten Weintrauben in eine mit Butter eingefettete Auflaufform verteilen. Mit dem fein geschnittenen Liebstöckel bestreuen.

5. Für den Guss die Eier und die süße Sahne verrühren. Mit Salz und Pfeffer würzen.

6. Den Guss über das Gemüse gießen. Mit dem Reibkäse und den gehackten Nüssen bestreuen.

7. Den Kohlrabi-Sellerie-Auflauf im vorgeheizten Backofen bei 200 Grad 25 bis 30 Minuten backen.

Variante:
Kohlrabi durch Kartoffeln ersetzen.

Pastinaken-Möhren-Auflauf

Für 2 bis 3 Personen

1. Die Pastinaken und die Möhren putzen und schälen, in 5 mm dicke Scheiben schneiden. Die Gemüsescheiben in der Gemüsebrühe knapp weich garen.

2. Den Backofen auf 180 Grad vorheizen.

3. Für den Guss Eier, süße Sahne und Milch verrühren. Mit Pfeffer, Muskatnuss und Salz würzen.

4. Eine Auflaufform mit Butter einfetten. Die Möhrenscheiben außen herum und die Pastinakenscheiben in der Mitte einfüllen. Den Guss darüber gießen. Mit dem geriebenen Sbrinz bestreuen.

5. Den Pastinaken-Möhren-Auflauf im vorgeheizten Backofen bei 180 Grad etwa 45 Minuten backen. Mit den gehackten Kürbiskernen garnieren.

Produktinfo:
Die Pastinake ist eine möhrenähnliche, gelbliche Wurzel und schmeckt wie eine Mischung aus Möhren und Knollensellerie.

500 g Pastinaken

300 g Möhren/Karotten

250 ml/2,5 dl Gemüsebrühe

Guss

2 Freilandeier

100 g/1 dl süße Sahne/Rahm

250 ml/2,5 dl Milch

Pfeffer aus der Mühle

geriebene Muskatnuss

Meersalz

50 g geriebener Sbrinz

2 EL gehackte Kürbiskerne

Butter für die Form

Tipp

Selbstverständlich können die Möhren- und Pastinakenscheiben auch gemischt werden.

Für 2 bis 3 Personen

600 g Topinambure

2 rote Äpfel

200 g kräftiger Bergkäse

Guss

200 g/2 dl süße
Sahne/Rahm

200 ml/2 dl Milch

Pfeffer aus der Mühle

geriebene Muskatnuss

Meersalz

1 Zweiglein Thymian
oder Rosmarin

Butter für die Form

Topinambur-Apfel-Gratin

1. Die Topinambure unter fließendem Wasser gründlich bürsten, nicht schälen. Die Äpfel halbieren und das Kerngehäuse entfernen. Topinambure, Äpfel und Käse in feine Scheiben schneiden. Thymianblättchen zupfen, Rosmarinnadeln abstreifen und fein hacken.

2. Den Backofen auf 200 Grad vorheizen.

3. Für den Guss die süße Sahne und die Milch verrühren. Mit Pfeffer, Muskatnuss und Salz würzen.

4. Eine Gratinform mit Butter einfetten. Topinambur-, Apfel- und Käsescheibchen abwechselnd ziegelartig in die Form schichten. Den Guss darüber gießen. Mit den gehackten Kräutern bestreuen.

5. Das Topinambur-Apfel-Gratin im vorgeheizten Backofen bei 200 Grad etwa 50 Minuten backen.

Möhren-Lauch-Auflauf mit Sprossen

1. Die Möhren schälen und in 5 mm dicke Scheiben schneiden. Den Lauch putzen und ebenfalls in 5 mm dicke Scheiben schneiden. Die Möhren- und die Lauchscheiben in der Gemüsebrühe 5 Minuten garen.

2. Für den Guss Eier, Quark und Milch verrühren. Den Knoblauch dazupressen und den fein geschnittenen Majoran unterrühren. Mit Paprika, Pfeffer und Salz würzen.

3. Den Backofen auf 200 Grad vorheizen.

4. Eine Auflaufform mit Butter einfetten. Das Möhren-Lauch-Gemüse und die Weizensprossen in die Form füllen. Den Guss darüber gießen.

5. Den Möhren-Lauch-Auflauf im vorgeheizten Backofen bei 200 Grad etwa 30 Minuten backen.

Variante:
Der Lauch kann durch Wirsing oder Spinat ersetzt werden.

500 g Möhren/Karotten

300 g Lauch

100 ml/1 dl Gemüsebrühe

1 Handvoll Weizensprossen

Guss

2 Freilandeier

350 g Magerquark

50 ml/0,5 dl Milch

1 Knoblauchzehe

2 EL fein geschnittener Majoran

1 Msp Paprikapulver

Pfeffer aus der Mühle

Meersalz

Butter für die Form

Kartoffelrezepte

Klassische und raffinierte neue Kombinationen

Kartoffel-Auflauf mit Zuckermais-Lauch-Gemüse

800 g Kartoffeln

2 Zuckermaiskolben

500 g Lauch

2 EL kaltgepresstes Olivenöl

wenig Gemüsebrühe

Guss

1 Freilandei

200 g saure Sahne/ saurer Halbrahm

100 ml/1 dl Milch

Pfeffer aus der Mühle

geriebene Muskatnuss

Meersalz

1 Bund Schnittlauch

30 g würziger Reibkäse

Butter für die Form

Tipp

Wenn keine Zuckermaiskolben erhältlich sind, können auch Maiskörner aus der Dose verwendet werden.

1. Die Kartoffeln in der Schale im Dampf knapp weich garen. Etwas abkühlen lassen, dann schälen und in 5 mm dicke Scheiben schneiden.

2. Die Maiskolben quer halbieren. Mit der Schnittstelle auf die Arbeitsfläche stellen, die Maiskörner mit einem scharfen Messer vom Kolben schneiden.

3. Den Lauch putzen und in feine Scheiben schneiden.

4. Die Lauchscheiben und die Maiskörner im Olivenöl andünsten. Wenig Gemüsebrühe beigeben, 2 bis 3 Minuten köcheln lassen.

5. Den Backofen auf 220 Grad vorheizen.

6. Für den Guss Ei, saure Sahne und Milch verrühren. Mit Pfeffer, Muskatnuss und Salz würzen. Den fein geschnittenen Schnittlauch unterrühren.

7. Die Kartoffelscheiben und das Lauch-Mais-Gemüse sorgfältig mischen und in eine mit Butter eingefettete Auflaufform verteilen. Den Guss darüber gießen. Mit dem Reibkäse bestreuen.

8. Den Kartoffel-Auflauf im vorgeheizten Backofen bei 220 Grad 20 Minuten backen.

Abbildung:
Süß-scharfes Kartoffelgratin (unten), Rezept Seite 42
Kartoffel-Auflauf mit Zuckermais-Lauch-Gemüse (oben)

Süß-scharfes Kartoffel-Gratin

800 g Kartoffeln

400 g Äpfel, z.B. Boskop

2 EL Zitronensaft

2 kleine Zwiebeln

150 g Ananasscheiben (aus der Dose)

1 EL Butterschmalz/ Bratbutter

150 ml/1,5 dl unge- zuckerter Ananassaft

150 ml/1,5 dl Gemüsebrühe

Guss

250 ml/2,5 dl Milch

200 g/2 dl süße Sahne/Rahm

1-2 TL Curry, je nach gewünschter Schärfe

1 TL Kurkuma (Gelbwurz)

Pfeffer aus der Mühle

Meersalz

Butter für die Form

Tipp

Eine noch aromatischere Note erhält dieses Gericht mit fein geschnittenen frischen Curryblättern anstelle des Currypulvers.

1. Die Kartoffeln in der Schale im Dampf knapp weich garen. Etwas abkühlen lassen, dann schälen und in 5 mm dicke Scheiben schneiden.

2. Die Äpfel schälen, vierteln und das Kerngehäuse entfernen. Die Fruchtviertel in Scheiben schneiden und sofort mit dem Zitronensaft beträufeln. Die Zwiebeln grob hacken. Die Ananasscheiben würfeln.

3. Die grob gehackten Zwiebeln im Butterschmalz andünsten. Den Ananassaft beifügen und auf die Hälfte einköcheln lassen. Die Gemüsebrühe dazugießen, beiseite stellen.

4. Den Backofen auf 200 Grad vorheizen.

5. Für den Guss Milch und süße Sahne verrühren. Curry und Kurkuma unterrühren. Mit Pfeffer und Salz abschmecken.

6. Eine Gratinform mit Butter einfetten. Die Kartoffel- und Apfelscheiben sowie die Ananaswürfel lagenweise einschichten. Auf jede Lage etwas Zwiebelsauce und etwas Guss geben. Den restlichen Guss am Schluss darüber gießen.

8. Das Kartoffelgratin im vorgeheizten Backofen bei 200 Grad etwa 30 Minuten backen.

Abbildung: Seite 41 (unten)

Kartoffel-Apfel-Auflauf

1. Die Kartoffeln in der Schale im Dampf knapp weich garen. Etwas abkühlen lassen, dann schälen und in 5 mm dicke Scheiben schneiden.

2. Die Äpfel waschen und samt Schale mit dem Gemüsehobel/der Röstiraffel raspeln. Sofort mit dem Zitronensaft beträufeln.

3. Für den Guss die Eier und die süße Sahne verrühren. Mit Curry, Pfeffer, Muskatnuss und Salz würzen.

4. Den Backofen auf 200 Grad vorheizen.

5. Eine Auflaufform mit Butter einfetten. Die Kartoffelscheiben und die geraspelten Äpfel abwechselnd einfüllen. Den Guss darüber gießen und den Käse darüber streuen.

6. Den Kartoffel-Apfel-Auflauf im vorgeheizten Backofen bei 200 Grad etwa 40 Minuten backen. Mit den Apfelscheiben garnieren.

Variante:
Zur Abwechslung eine Handvoll zuvor in Wasser eingeweichte Rosinen darunter mischen.

---

800 g Kartoffeln

500 g Äpfel

2 EL Zitronensaft

Guss

2 Freilandeier

250 g/2,5 dl süße Sahne/Rahm

$1/2$ TL Curry

Pfeffer aus der Mühle

geriebene Muskatnuss

Meersalz

120 g Reibkäse

einige Apfelscheiben, für die Garnitur

Butter für die Form

Kartoffel-Wirsing-Gratin

Für 2 bis 3 Personen

1. Den Wirsing putzen und in Streifen schneiden. Im kochenden Wasser überwallen, die Streifen abgießen und gut abtropfen lassen. Die Kartoffeln schälen und in feine Scheiben schneiden.

2. Den Backofen auf 200 Grad vorheizen.

3. Eine Gratinform mit Butter einfetten. Die Wirsingstreifen und die Kartoffelscheiben lagenweise in die Form verteilen.

4. Für den Guss saure Sahne, Milch und geriebenen Käse verrühren. Die Knoblauchzehe dazupressen. Die Thymianblättchen zupfen, hacken und dazugeben. Mit Pfeffer, Muskatnuss und Salz würzen.

5. Den Guss über das Gratin gießen. Mit dem Reibkäse und den Sonnenblumenkernen bestreuen.

6. Das Kartoffel-Wirsing-Gratin im vorgeheizten Backofen bei 200 Grad etwa 50 Minuten backen. Gegen Ende der Backzeit mit Folie abdecken.

Variante:
Der Wirsing läßt sich auch durch Lauch ersetzen.

500 g Wirsing/Wirz

600 g Kartoffeln

Guss

**400 g saure Sahne/
Sauerrahm**

100 ml/1 dl Milch

60 g würziger Reibkäse

1 Knoblauchzehe

1 Zweiglein Thymian

Pfeffer aus der Mühle

geriebene Muskatnuss

Meersalz

50 g Sonnenblumenkerne

Butter für die Form

Für 2 bis 3 Personen

700 g Kartoffeln
3-4 saftige Birnen
150 ml/1,5 dl Gemüsebrühe
Pfeffer aus der Mühle
geriebene Muskatnuss
Meersalz
150 g Greyerzer Käse
Butter für die Form

Einfaches Kartoffel-Birnen-Gratin

1. Die Kartoffeln in der Schale im Dampf knapp weich garen. Etwas abkühlen lassen, dann schälen und in 5 mm dicke Scheiben schneiden.

2. Die Birnen schälen, halbieren und das Kerngehäuse entfernen. Quer in 5 mm dicke Scheiben schneiden.

3. Den Backofen auf 200 Grad vorheizen.

4. Eine Gratinform mit Butter einfetten. Die Kartoffel- und die Birnenscheiben abwechselnd einschichten. Die Gemüsebrühe darüber gießen. Mit Pfeffer, Muskatnuss und Salz leicht würzen.

5. Den Greyerzer Käse mit dem Gemüsehobel/der Röstiraffel grob raspeln, über das Gratin streuen.

6. Das Kartoffel-Birnen-Gratin im vorgeheizten Backofen bei 200 Grad 20 bis 30 Minuten backen.

Kartoffel-Topinambur-Gratin

1. Die Zwiebel fein hacken. Den Lauch putzen und in feine Scheiben schneiden. Zwiebeln und Lauch im Olivenöl andünsten. Wenig Wasser beifügen und 5 Minuten köcheln lassen. Mit Pfeffer und Salz würzen. Beiseite stellen.

2. Die Kartoffeln schälen. Die Topinambure unter fließendem Wasser gut bürsten, nicht schälen. Topinambure und Kartoffeln in feine Scheiben schneiden.

3. Den Backofen auf 200 Grad vorheizen.

4. Eine Gratinform mit Butter einfetten. Die Hälfte der Kartoffel- und der Topinamburscheiben in die Form verteilen. Den Lauch darauf verteilen. Mit den restlichen Kartoffel- und Topinamburscheiben abschließen.

5. Für den Guss süße Sahne, Milch und geriebenen Appenzeller Käse verrühren. Die Knoblauchzehe dazupressen. Mit Pfeffer und Salz würzen. Den Guss über das Gratin gießen.

6. Das Kartoffel-Topinambur-Gratin im vorgeheizten Backofen bei 200 Grad 40 bis 50 Minuten backen.

1 kleine Zwiebel

300 g Lauch

2 EL kaltgepresstes Olivenöl

Pfeffer aus der Mühle

Meersalz

300 g Kartoffeln

300 g Topinambure

Guss

200 g/2 dl süße Sahne/Rahm

300 ml/3 dl Milch

80 g geriebener Appenzeller Käse

1 Knoblauchzehe

Pfeffer aus der Mühle

Meersalz

Butter für die Form

Für 2 bis 3 Personen

500 g Kartoffeln
300 g Möhren/Karotten
200 g Lauch
150 ml/1,5 dl Gemüsebrühe
2 Knoblauchzehen

Guss

200 g/2 dl süße Sahne/Rahm
100 g geriebener Greyerzer Käse
Pfeffer aus der Mühle
geriebene Muskatnuss
Meersalz

Butter für die Form

Kartoffel-Gemüse-Gratin

1. Die Kartoffeln schälen und in mittelgroße Würfel schneiden. Die Möhren schälen und in Stäbchen schneiden. Den Lauch putzen und in Scheiben schneiden.

2. Die Kartoffelwürfel in der Gemüsebrühe garen, während der letzten 10 Minuten die Möhrenstäbchen und die Lauchscheiben mitgaren.

3. Den Backofen auf 200 Grad vorheizen.

4. Eine Gratinform mit Butter einfetten. Den Knoblauch in die Form pressen und auf dem Boden verteilen. Das Kartoffel-Gemüse in die Form füllen.

5. Für den Guss die süße Sahne und den geriebenen Greyerzer Käse verrühren. Mit Pfeffer, Muskatnuss und Salz würzen. Den Guss über das Kartoffel-Gemüse gießen.

6. Das Kartoffel-Gemüse-Gratin im vorgeheizten Backofen bei 200 Grad etwa 20 Minuten backen.

Variante:

Die Kartoffeln und Möhren mit dem Gemüsehobel/der Röstiraffel grob hobeln und mit dem fein geschnittenen Lauch mischen. Die Gemüsemischung in wenig Gemüsebrühe kurz garen, in eine Gratinform füllen und nur kurz mit Käse überbacken.

Kartoffel-Zucchini-Gratin

700 g Kartoffeln

600 g Zucchini

Guss

300 g/3 dl süße Sahne/Rahm

150 g saure Sahne/ Sauerrahm

Pfeffer aus der Mühle

Meersalz

120 g geriebener Greyerzer Käse

Butter für die Form

1. Die Kartoffeln in der Schale im Dampf knapp weich garen. Etwas abkühlen lassen, dann schälen und in 1 cm dicke Scheiben schneiden.

2. Die Zucchini beidseitig kappen, in 2 cm dicke Scheiben schneiden.

3. Den Backofen auf 200 Grad vorheizen.

4. Eine Gratinform mit Butter einfetten. Die Kartoffel- und die Zucchinischeiben abwechselnd in die Form füllen.

5. Für den Guss die süße Sahne und die saure Sahne verrühren. Mit Pfeffer und Salz würzen. Den Guss über das Gemüse gießen. Mit dem geriebenen Greyerzer Käse bestreuen.

6. Das Kartoffel-Zucchini-Gratin im vorgeheizten Backofen bei 200 Grad 25 bis 30 Minuten backen.

Variante:
Anstelle der Zucchini kann auch anderes Gemüse wie Möhren-/Karottenscheiben, Blumenkohl- oder Brokkoliröschen verwendet werden.

Für 2 bis 3 Personen

500 g Kartoffeln
200 g frische Steinpilze
1 kleine Zwiebel
2 EL kaltgepresstes Olivenöl
50 ml/0,5 dl trockener Weißwein
½ Bund Basilikum
150 g/1,5 dl süße Sahne/Rahm
2 Tomaten
Pfeffer aus der Mühle
Meersalz
150 g Mozzarella
wenig kaltgepresstes Olivenöl
Butter für die Form
einige Basilikumblättchen

Tipp

Es können auch 30 g getrocknete und in Wasser eingeweichte Steinpilze verwendet werden. Die Pilze gut ausdrücken und klein schneiden.

Kartoffel-Steinpilz-Gratin

1. Die Kartoffeln im Dampf knapp weich garen. Etwas abkühlen lassen, dann schälen und in Scheiben schneiden. Die Steinpilze putzen und klein schneiden. Die Zwiebel fein hacken.

2. Die gehackten Zwiebeln und die klein geschnittenen Steinpilze im Olivenöl andünsten. Den Weißwein dazugießen, einige Minuten verdunsten lassen. Das fein geschnittene Basilikum beifügen, mit Pfeffer und Salz würzen.

3. Den Backofen auf 220 Grad vorheizen.

4. Die Kartoffelscheiben und die Pilze abwechselnd in eine mit Butter eingefettete Gratinform füllen. Die süße Sahne darüber gießen.

5. Den Stielansatz der Tomaten kreisförmig herausschneiden und die Tomaten in Scheiben schneiden, auf das Gratin legen und leicht würzen.

6. Den Mozzarella in feine Scheiben schneiden und auf die Tomatenscheiben legen. Mit einigen Tropfen Olivenöl beträufeln und mit Pfeffer nochmals würzen.

7. Das Kartoffel-Steinpilz-Gratin im vorgeheizten Backofen bei 220 Grad 25 bis 30 Minuten backen. Vor dem Servieren mit einigen Basilikumblättchen garnieren.

Variante:

Anstelle der Steinpilze können auch die würzigen Shiitake-Pilze verwendet werden.

Kartoffel-Spargel-Gratin

1. Die Kartoffeln im Dampf knapp weich garen. Etwas abkühlen lassen, dann schälen und in Scheiben schneiden.

2. Das obere Drittel der weißen Spargel sparsam, den Rest großzügig schälen. Die Schnittstelle kappen. Beim grünen Spargel nur das untere Drittel schälen, die Schnittstelle kappen. Weiße und grüne Spargel in 4 cm lange Stücke schneiden. Im Dampf bissfest garen. Die Garzeit der weißen Spargel ist je nach Dicke der Stangen 15 bis 25 Minuten, diejenige der grünen Spargel 5 bis 10 Minuten.

3. Den Backofen auf 200 Grad vorheizen.

4. Eine Gratinform mit Butter einfetten. Die Kartoffel-scheiben und die Spargelstücke abwechselnd ziegel-artig in die Form füllen.

5. Die süße Sahne und die Milch verrühren. Mit Pfeffer, Muskatnuss und Salz würzen. Den Guss über das Gratin gießen und dieses mit dem geriebenen Bergkäse bestreuen.

6. Das Kartoffel-Spargel-Gratin im vorgeheizten Backofen bei 200 Grad 20 bis 30 Minuten überbacken.

Variante:
Nur weißen oder grünen Spargel oder wilden Spargel verwenden.

500 g Kartoffeln

400 g weißer Spargel

300 g grüner Spargel

Guss

200 g/2 dl süße Sahne/Rahm

100 ml/1 dl Milch

Pfeffer aus der Mühle

geriebene Muskatnuss

Meersalz

60 g geriebener Bergkäse

Butter für die Form

Klassisches Kartoffel-Gratin

1. Die Kartoffeln schälen und in feine Scheiben schneiden.

2. Die süße Sahne und die Milch aufkochen. Mit Pfeffer, Muskatnuss und Salz würzen.

3. Die Kartoffelscheiben in die Sahnemilch legen. Bei niedriger Temperatur köcheln lassen. Immer wieder rühren, bis die Kartoffelstärke die Sahnemilch gebunden hat und diese von sämiger Konsistenz ist.

4. Den Backofen auf 180 Grad vorheizen.

5. Eine große Gratinform mit Butter einfetten. Die Knoblauchzehe in die Form pressen und auf dem Boden verteilen. Die Kartoffelscheiben samt Flüssigkeit einfüllen. Die Kartoffeln sollen mit dem Guss gut bedeckt sein, sonst etwas süße Sahne oder Milch dazu- gießen. Das Gratin mit dem geriebenen Sbrinz oder Parmesan bestreuen.

6. Das Kartoffelgratin im vorgeheizten Ofen bei 180 Grad 50 bis 60 Minuten backen.

Variante:
Die Backzeit kann verkürzt werden, wenn man die rohen Kartoffeln mit dem Gemüsehobel/der Röstiraffel grob raspelt.

---

1 kg Kartoffeln

Guss

300 g/3 dl süße Sahne/Rahm

350 ml/3,5 dl Milch

Pfeffer aus der Mühle

geriebene Muskatnuss

Meersalz

1 Knoblauchzehe

60 g geriebener Sbrinz oder Parmesan

Butter für die Form

Tipp

Rohe Kartoffelscheiben nie ins Wasser legen, da die bindende Stärke und die Nährstoffe ausgeschwemmt werden.

Für 2 bis 3 Personen

300 g Kartoffeln

1-2 kleine Essiggurken

250 g Sauerkraut

Guss

2 Freilandeier

200 g saure Sahne/
saurer Halbrahm

1 Msp gemahlener
Kümmel

Pfeffer aus der Mühle

Meersalz

50 g Reibkäse

2 EL gehackte Petersilie

Butter für die Form

Kartoffel-Sauerkraut-Auflauf

1. Die Kartoffeln in der Schale im Dampf knapp weich garen. Etwas abkühlen lassen, dann schälen und in kleine Würfel schneiden. Die Essiggurken in feine Scheiben schneiden. Das Sauerkraut grob zerkleinern.

2. Kartoffelwürfel, Gurkenscheiben und Sauerkraut in eine mit Butter eingefettete Auflaufform füllen.

3. Den Backofen auf 200 Grad vorheizen.

4. Die Eier und die saure Sahne verrühren. Mit Kümmelpulver, Pfeffer und Salz würzen. Den Guss über den Auflauf gießen und diesen mit dem Reibkäse bestreuen.

5. Den Kartoffel-Sauerkraut-Auflauf im vorgeheizten Backofen bei 200 Grad etwa 35 bis 45 Minuten backen. Vor dem Servieren mit der gehackten Petersilie bestreuen.

Variante:
Wer es süßsauer liebt, ersetzt die Essiggurken durch Apfelwürfelchen.

Kartoffel-Blumenkohl-Gratin

1. Die Kartoffeln in der Schale im Dampf knapp weich garen. Etwas abkühlen lassen, dann schälen und in 1 cm dicke Scheiben schneiden.

2. Den Blumenkohl putzen und in einzelne Röschen brechen. In Dampf bissfest garen.

3. Das Mehl in einer Pfanne mit der Gemüsebrühe glatt rühren, aufkochen und einige Minuten köcheln lassen. Die Milch und die Hälfte des Greyerzer Käse dazugeben. Mit Pfeffer, Muskatnuss und Kräutersalz würzen.

4. Den Backofen auf 220 Grad vorheizen.

5. Die Kartoffelscheiben und die Blumenkohlröschen in eine mit Butter eingefettete Gratinform verteilen. Die Sauce darüber gießen und mit dem restlichen Greyerzer Käse bestreuen.

6. Das Kartoffel-Blumenkohl-Gratin im vorgeheizten Backofen bei 220 Grad etwa 25 Minuten überbacken.

Für 2 bis 3 Personen

500 g Kartoffeln

500 g Blumenkohl

Sauce

40 g Weizenvollkornmehl (Type 1900)

250 ml/2,5 dl Gemüsebrühe

250 ml/2,5 dl Milch

100 g geriebener Greyerzer Käse

Pfeffer aus der Mühle

geriebene Muskatnuss

Kräutermeersalz

wenig Butter für die Form

Tipp

Zur Abwechslung ersetzt man den Blumenkohl durch ein anderes Gemüse oder nimmt zusätzlich anderes Saisongemüse.

Körnige
Überraschungen

Polenta-Tomaten-Gratin

600 ml/6 dl Milch

600 ml/6 dl Gemüsebrühe

40 g Butter

400 g feiner Maisgrieß

150 g geriebener Parmesan

Pfeffer aus der Mühle

geriebene Muskatnuss

4 große Fleischtomaten

2 TL Oreganopulver

Meersalz

1 Bund Basilikum

200 g Mozzarella

Butter für die Form

1. Milch, Gemüsebrühe und Butter aufkochen und den Maisgrieß einrühren. Unter ständigem Rühren bei niedriger Temperatur 15 Minuten köcheln lassen. Den Parmesan unterrühren. Mit Pfeffer und Muskatnuss würzen.

2. Den Stielansatz der Tomaten kreisförmig herausschneiden, in Scheiben schneiden. Den Mozzarella in dünne Scheiben schneiden.

3. Den Backofen auf 220 Grad vorheizen.

4. Eine weite, flache Gratinform mit Butter einfetten. Die Hälfte der noch warmen Maismasse gleichmäßig auf dem Boden ausstreichen. Die Hälfte der Tomatenscheiben auf die Maismasse legen, mit Oregano und Salz würzen. Einige Basilikumblätter fein schneiden und darüber verteilen. Den restlichen Mais sorgfältig darauf ausstreichen. Mit den restlichen Tomatenscheiben belegen. Mit Oregano und Salz würzen. Mit den Mozzarellascheiben abschließen.

5. Das Polenta-Tomaten-Gratin im vorgeheizten Backofen bei 220 Grad rund 20 Minuten überbacken.

Reis-Bohnen-Gratin

1. Die Zwiebel fein hacken und im Butterschmalz andünsten. Reis, Lorbeerblatt und Thymianzweiglein beifügen. Mit dem Wasser auffüllen, aufkochen und 20 bis 30 Minuten bei niedriger Temperatur köcheln lassen. Mit Salz und Pfeffer würzen. Auf der ausgeschalteten Wärmequelle zugedeckt 40 Minuten quellen lassen. Das Lorbeerblatt und das Thymianzweiglein entfernen.

2. Die Bohnen zusammen mit dem Bohnenkraut im Dampf rund 15 Minuten knapp weich garen. Das Bohnenkraut entfernen.

3. Die Tomaten an der Spitze kreuzweise einschneiden. In kochendes Wasser tauchen, bis sich die Haut zu lösen beginnt. Die Tomaten schälen, den Stielansatz kreisförmig herausschneiden, die Früchte klein würfeln.

4. Den Backofen auf 200 Grad vorheizen.

5. Eine weite Gratinform mit Butter einfetten. Den Reis in der Form gleichmäßig verteilen. Mit Pfeffer und Salz würzen. Zuerst die Bohnen, dann die Tomatenwürfel auf den Reis verteilen. Mit der Gemüsebrühe übergießen. Den fein geschnittenen Oregano darüber streuen, nochmals mit Pfeffer und Salz abschmecken. Am Schluss mit dem geriebenen Bergkäse bestreuen.

6. Das Reis-Bohnen-Gratin im vorgeheizten Backofen bei 200 Grad rund 40 Minuten überbacken.

Variante:
Den Naturreis mit Wildreis mischen.

---

1 kleine Zwiebel

2 TL Butterschmalz/ Bratbutter

250 g Langkorn-Naturreis

1 Lorbeerblatt

2 Zweiglein (Zitronen-)Thymian

700 ml/7 dl Wasser

Kräutermeersalz

Pfeffer aus der Mühle

300 g zarte grüne Buschbohnen

1 Zweiglein Bohnenkraut

2 Fleischtomaten

150 ml/1,5 dl Gemüsebrühe

1-2 EL fein geschnittener Oregano

Pfeffer aus der Mühle

Meersalz

80 g geriebener Bergkäse

Butter für die Form

Weizen-Gemüse-Auflauf

200 g Weizenkörner

$^1/_2$ l Wasser

1 Lorbeerblatt

400 g Möhren/Karotten

300 g Knollensellerie

250 g Champignons

1 kleine Zwiebel

1 Knoblauchzehe

2 EL kaltgepresstes Olivenöl

150-200 ml/1,5-2 dl Gemüsebrühe

Guss

2 Freilandeier

200 g saure Sahne/ saurer Halbrahm

Pfeffer aus der Mühle

Meersalz

$^1/_2$ Bund Petersilie

etwas Reibkäse

Butter für die Form

1. Weizenkörner, Wasser und Lorbeerblatt aufkochen, 25 Minuten bei niedriger Temperatur köcheln lassen. Anschließend auf der ausgeschalteten Wärmequelle zugedeckt 30 bis 40 Minuten quellen lassen. Das Lorbeerblatt entfernen.

2. Die Möhren und den Sellerie putzen und schälen, mit dem Gemüsehobel/der Röstiraffel grob raspeln. Die Champignons putzen und in Scheiben schneiden. Die Zwiebel fein hacken.

3. Die Zwiebeln und den durchgepressten Knoblauch im Olivenöl andünsten. Möhren, Sellerie und Pilze beifügen und kurz mitdünsten. Die Gemüsebrühe dazugießen und einige Minuten köcheln lassen.

4. Den Backofen auf 200 Grad vorheizen.

5. Für den Guss die Eier und die saure Sahne verrühren. Mit Pfeffer und Salz würzen. Die gehackte Petersilie beifügen.

6. Die gekochten Weizenkörner mit dem Gemüse und dem Guss mischen. Mit Pfeffer und Salz abschmecken. Das Ganze in eine mit Butter eingefettete Auflaufform füllen. Wenig Reibkäse darüber streuen.

7. Den Weizen-Gemüse-Auflauf im vorgeheizten Backofen bei 200 Grad 30 bis 40 Minuten backen.

Mais-Gemüse-Gratin

1. Den Maisgrieß mit der Gemüsebrühe aufkochen und unter häufigem Rühren bei niedriger Temperatur 15 Minuten köcheln lassen. Auf der ausgeschalteten Wärmequelle zugedeckt 20 Minuten quellen lassen.

2. Eine weite Gratinform mit Butter einfetten. Die noch warme Maismasse gleichmäßig auf dem Boden ausstreichen.

3. Den Backofen auf 220 Grad vorheizen.

4. Die Möhren schälen, das Gemüse putzen. Sämtliches Gemüse in kleine Würfel, Scheiben oder Stücke schneiden.

5. Das Gemüse und den durchgepressten Knoblauch im Olivenöl andünsten, die Gemüsebrühe dazugießen und einige Minuten köcheln lassen. Mit den Gewürzen abschmecken.

6. Die Gemüsemischung auf den Mais verteilen. Die süße Sahne und die gehackte Petersilie vermischen, die Gewürze dazugeben und darüber gießen. Mit dem geriebenen Pecorino bestreuen.

7. Das Mais-Gemüse-Gratin im vorgeheizten Backofen bei 220 Grad rund 20 Minuten überbacken.

250 g Bramata-Maisgrieß

1,2 l schwache Gemüsebrühe

2 mittelgroße Möhren/Karotten

1 kleiner Lauch

1 kleiner Fenchel

1 kleiner Zucchino

300 g Champignons

2 Knoblauchzehen

4 EL kaltgepresstes Olivenöl

100 ml/1 dl Gemüsebrühe

Guss

200 g/2 dl süße Sahne/Rahm

1/2 Bund Petersilie

Pfeffer aus der Mühle

Meersalz

geriebene Muskatnuss

40 g geriebener Pecorino

Butter für die Form

Abbildung: Seite 65 (oben)

Überbackene Pfannkuchen mit Spinatfüllung

Teig

2 Freilandeier
300 ml/3 dl Milch
150 g Weizen- oder Dinkel-vollkornmehl (Type 1900)
Pfeffer aus der Mühle
Meersalz

Füllung

800 g frischer oder 350 g tiefgekühlter Blattspinat
1 kleine Zwiebel
2 Knoblauchzehen
2 EL kaltgepresstes Olivenöl
150 g Tomaten-würfelchen
80 g geriebener Parmesan
3 EL süße Sahne/Rahm
Pfeffer aus der Mühle
Meersalz
Maiskeimöl zum Ausbacken
Butter für die Form

Zum Überbacken

100 g/1 dl süße Sahne/Rahm
20 g geriebener Parmesan

1. Für den Pfannkuchenteig Eier, Milch und Mehl glatt rühren. Mit Pfeffer und Salz würzen. Eine Stunde zugedeckt ruhen lassen.

2. Grobe Spinatstiele entfernen. Die Zwiebel und die Knoblauchzehe fein hacken.

3. Die gehackten Zwiebeln und den gehackten Knoblauch im Olivenöl andünsten. Den Blattspinat bei-fügen, dünsten, bis der Spinat zusammengefallen ist. Gut abtropfen lassen und beiseite stellen.

4. Den Backofen auf 220 Grad vorheizen.

5. Die Tomatenwürfelchen und den geriebenen Parmesan unter den Spinat mischen. Die süße Sahne beifügen, mit Pfeffer und Salz würzen.

6. Aus dem Teig im heißen Maiskeimöl 4 bis 6 große Pfannkuchen ausbacken. Mit der Spinatmasse belegen und einrollen.

7. Eine Gratinform mit Butter einfetten. Die gefüllten Pfannkuchen hineinlegen. Den geriebenen Parmesan mit der süßen Sahne verrühren und über die Pfann-kuchen verteilen.

8. Die Pfannkuchen im vorgeheizten Backofen bei 220 Grad rund 15 Minuten überbacken.

Abbildung:
Überbackene Pfannkuchen mit Spinatfüllung (unten)
Mais-Gemüse-Gratin (oben), Rezept Seite 63

Getreide-Rosenkohl-Auflauf

160 g gemischte Getreide-
körner, z. B. Dinkel,
Naturreis, Hafer, Gerste

450 ml/4,5 dl Wasser

1 Lorbeerblatt

Meersalz

Pfeffer aus der Mühle

20 g getrocknete Pilze,
z. B. Steinpilze oder
Shiitake

500 g Rosenkohl

1 kleine Zwiebel

1 EL kaltgepresstes
Olivenöl

150 ml/1,5 dl Gemüse-
brühe

Guss

2 Freilandeier

200 ml/2 dl Milch

Pfeffer aus der Mühle

geriebene Muskatnuss

Meersalz

30 g Reibkäse

Butter für die Form

1. Getreidekörner, Wasser und Lorbeerblatt aufkochen, 25 Minuten bei niedriger Temperatur köcheln lassen. Mit Salz und Pfeffer würzen. Das Getreide auf der ausgeschalteten Wärmequelle 40 Minuten zugedeckt quellen lassen. Das Lorbeerblatt entfernen.

2. Die Pilze einige Minuten in wenig Wasser ein-weichen. Das Wasser weggießen. Den Rosenkohl putzen, die Köpfchen je nach Größe halbieren. Die Zwiebel fein hacken.

3. Die gehackten Zwiebeln im Olivenöl andünsten. Den Rosenkohl und die Pilze beifügen, kurz mitdünsten. Mit der Gemüsebrühe aufgießen, aufkochen und 10 Minuten bei niedriger Temperatur köcheln lassen. Der Rosenkohl soll noch Biss haben.

4. Den Backofen auf 200 Grad vorheizen.

5. Für den Guss die Eier und die Milch verrühren. Mit Pfeffer, Muskatnuss und Salz würzen.

6. Das Getreide und den Rosenkohl in einer mit Butter eingefetteten Auflaufform mischen. Den Guss darüber gießen. Mit dem Reibkäse bestreuen.

7. Den Getreide-Rosenkohl-Auflauf im vorgeheizten Backofen bei 200 Grad rund 30 Minuten überbacken.

Überbackene Tomaten mit Reisfüllung

1. Den Stielansatz der Tomaten kreisförmig heraus-schneiden. Einen flachen Deckel abschneiden. Die Tomaten mit einem Teelöffel oder mit dem Pariser Löffel vorsichtig aushöhlen. Das Fruchtfleisch zerkleinern.

2. Die Steinpilze einige Minuten in wenig Wasser einweichen. Das Einweichwasser weggießen.

3. Die Zwiebeln fein hacken. Mit dem durchgepressten Knoblauch im Olivenöl andünsten. Reis, Wasser, Weiß-wein, Gemüsebrühepulver und Tomatenfleisch beifügen, aufkochen. Die Steinpilze dazugeben. Rund 20 Minuten bei niedriger Temperatur köcheln und auf der ausge-schalteten Wärmequelle zugedeckt 45 Minuten quellen lassen. Die süße Sahne und den geriebenen Käse unterrühren. Mit Pfeffer und Salz abschmecken.

4. Den Backofen auf 220 Grad vorheizen.

5. Die Reismasse in die Tomaten füllen. Die gefüllten Tomaten in eine mit Butter eingefettete Gratinform stellen. Wenig Wasser dazugießen.

6. Die gefüllten Tomaten im vorgeheizten Backofen bei 220 Grad 15 Minuten überbacken. Mit Basilikum-blättchen garnieren.

Variante:
Anstelle der getrockneten Steinpilze können auch frische Champignons verwendet werden.

Abbildung: Seite 68 (oben)

6-8 Fleischtomaten

20 g getrocknete Steinpilze

1 kleine Zwiebel

2 Knoblauchzehen

2 EL kaltgepresstes Olivenöl

200 g Langkorn-Naturreis

350 ml/3,5 dl Wasser

100 ml/1 dl Weißwein

2 TL Gemüsebrühepulver

100 g/1 dl süße Sahne/Rahm

50 g geriebener Parmesan

Pfeffer aus der Mühle

Meersalz

einige Basilikum-blättchen

Butter für die Form

Gerste-Blumenkohl-Auflauf

1. Die Gerstenkörner und das Wasser aufkochen, 30 Minuten bei niedriger Temperatur köcheln lassen. Mit Salz und Pfeffer würzen. Die Körner auf der ausgeschalteten Wärmequelle zugedeckt 40 Minuten quellen lassen.

2. Den Blumenkohl putzen, in die einzelnen Röschen brechen. Die Röschen im Dampf weich garen.

3. Den Backofen auf 200 Grad vorheizen.

4. Für den Guss Eier, Magerquark und Milch verrühren. Den fein geschnittenen Schnittlauch beifügen. Mit Pfeffer, Muskatnuss und Kräutersalz würzen.

5. Eine Auflaufform mit Butter einfetten. Die Blumenkohlröschen und die Gerstenkörner abwechslungsweise in die Form füllen. Den Guss darüber gießen.

6. Den Gerste-Blumenkohl-Auflauf im vorgeheizten Backofen bei 200 Grad etwa 30 Minuten backen.

Variante:
Dieses Rezept schmeckt auch ausgezeichnet mit Grünkern und Brokkoli.

150 g Gerstenkörner
400 ml/4 dl Wasser
Meersalz
Pfeffer aus der Mühle
1 kleiner Blumenkohl

Guss
2 Freilandeier
250 g Magerquark
5 EL Milch
1 Bund Schnittlauch
Pfeffer aus der Mühle
geriebene Muskatnuss
Kräutermeersalz

Butter für die Form

Abbildung:
Gerste-Blumenkohl-Auflauf (unten)
Überbackene Tomaten mit Reisfüllung (oben), Rezept Seite 67

Hirse-Gemüse-Auflauf

1 kleine Zwiebel

1 EL Butterschmalz/ Bratbutter

350 ml/3,5 dl schwache Gemüsebrühe

1 Lorbeerblatt

150 g Goldhirse

250 g Möhren/Karotten

200 g Lauch

250 g Blattspinat

Guss

2 Freilandeier

350 g Sahne-/ Rahmquark

100 ml/1 dl Milch

120 g kräftiger Reibkäse

Pfeffer aus der Mühle

Kräutermeersalz

1. Die Zwiebeln fein hacken und im Butterschmalz andünsten. Die Gemüsebrühe und das Lorbeerblatt beifügen und aufkochen. Die Goldhirse einrühren und bei niedriger Temperatur 10 Minuten köcheln lassen. Auf der ausgeschalteten Wärmequelle zugedeckt 20 bis 30 Minuten quellen lassen. Das Lorbeerblatt entfernen.

2. Die Möhren schälen, mit dem Gemüsehobel/ der Röstiraffel raspeln. Den Lauch putzen und in feine Scheiben schneiden.

3. Die geraspelten Möhren und die Lauchscheiben einige Minuten in Dampf garen. Den Blattspinat beifügen und garen, bis er zusammengefallen ist. Mit der gekochten Hirse sorgfältig mischen.

4. Den Backofen auf 180 Grad vorheizen.

5. Für den Guss Eier, Quark, Milch und Käse (etwas Käse zum Bestreuen zurückbehalten) verrühren. Mit Pfeffer und Kräutersalz würzen.

6. Die Hirse-Gemüse-Mischung in eine mit Butter eingefettete Auflaufform füllen. Den Guss darüber gießen und mit dem restlichen Käse bestreuen.

7. Den Hirse-Gemüse-Auflauf im vorgeheizten Backofen bei 180 Grad 30 Minuten backen.

Überbackene Kohlrabi mit Grünkernfüllung

125 g grober
Grünkernschrot

250 ml/2,5 dl schwache
Gemüsebrühe

4 mittlere Kohlrabi,
je 150 g

1 kleine Zwiebel

2 EL kaltgepresstes
Olivenöl

50 ml/0,5 dl
Gemüsebrühe

50 g Magerquark

1 Eigelb

1/2 Bund Petersilie

Pfeffer aus der Mühle

Meersalz

Paprikapulver

30 g Reibkäse

Butter für die Form

1. Den Grünkernschrot mit der Gemüsebrühe aufkochen, 10 Minuten bei niedriger Temperatur köcheln
lassen. Anschließend auf der ausgeschalteten Wärmequelle zugedeckt 30 Minuten quellen lassen.

2. Die Kohlrabi schälen, einen flachen Deckel
abschneiden. Die Knollen mit einem Pariser Löffel
vorsichtig dünnwandig aushöhlen. Das Ausgehöhlte
grob hacken oder zerkleinern. Die ganzen Kohlrabi
im Dampf 10 bis 15 Minuten garen.

3. Den Backofen auf 220 Grad vorheizen.

4. Die Zwiebel fein hacken, zusammen mit dem
zerkleinerten Kohlrabifleisch im Olivenöl andünsten.
Mit der Gemüsebrühe aufgießen und einige Minuten
köcheln lassen.

5. Grünkernschrot, Quark, Eigelb und Kohlrabigemüse
mischen. Die fein gehackte Petersilie unterrühren. Mit
den Gewürzen kräftig abschmecken.

6. Die Grünkernmasse in die Kohlrabi füllen. Mit etwas
Reibkäse bestreuen. Die Kohlrabi in eine mit Butter eingefettete Gratinform stellen. Wenig Wasser in die Form
gießen.

7. Die gefüllten Kohlrabi im vorgeheizten Backofen bei
220 Grad 15 bis 20 Minuten überbacken.

Nudelrezepte

Für alle
Pasta-Liebhaber

Nudel-Lauch-Gratin

500 g schmale
Vollkorn-Bandnudeln

2 $\frac{1}{2}$ l **Salzwasser**

400 g **Lauch**

2-3 **Knoblauchzehen**

2 TL **Butterschmalz/
Bratbutter**

200 g **saure Sahne/
saurer Halbrahm**

150 g/1,5 dl **süße
Sahne/Rahm**

Pfeffer aus der Mühle

Kräutermeersalz

40 g **Reibkäse**

Butter für die Form

1. Die Nudeln in kochendem Salzwasser al dente kochen. Abgießen.

2. Den Lauch putzen und in feine Scheiben schneiden. Den Knoblauch fein hacken. Die Lauchscheiben und den gehackten Knoblauch im Butterschmalz andünsten. Etwas Wasser dazugießen, 2 bis 3 Minuten dünsten. Die saure Sahne und die süße Sahne unterrühren. Mit Pfeffer und Kräutersalz abschmecken.

3. Den Backofen auf 220 Grad vorheizen.

4. Das Lauchgemüse mit den Nudeln mischen und in eine mit Butter eingefettete Gratinform füllen. Mit Reibkäse bestreuen.

5. Das Nudel-Lauch-Gratin im vorgeheizten Backofen bei 220 Grad 15 Minuten überbacken.

Varianten:
Dieses Rezept eignet sich für fast alle Gemüse wie Möhren-/Karottenscheiben, Knollensellerie-Würfelchen, Wirsing-/Wirzstreifen, Zucchiniwürfel, Brokkoli- oder Blumenkohlröschen. Auch für Gemüsereste geeignet.

Nudel-Pilz-Auflauf

1. Die Morcheln halbieren und unter fließendem kaltem Wasser reinigen. Die Steinpilze und die Champignons putzen und je nach Größe in Scheiben schneiden, halbieren oder vierteln.

2. Die Zwiebel und die Knoblauchzehen fein hacken und im Butterschmalz andünsten. Die Pilze beifügen und mitdünsten. Eventuell etwas Wasser dazugießen. Mit Pfeffer und Salz würzen. Beiseite stellen.

3. Die Nudeln in kochendem Salzwasser al dente kochen. Abgießen.

4. Den Backofen auf 180 Grad vorheizen.

5. Für den Guss Eier, Milch und Sahne verrühren. Den fein geschnittenen Schnittlauch und den geriebenen Parmesan untermischen. Mit Muskatnuss, Pfeffer und Salz würzen.

6. Pilze, Nudeln und Guss mischen und in eine mit Butter eingefettete Auflaufform füllen. Mit dem restlichen Parmesan bestreuen.

7. Den Nudel-Pilz-Auflauf im vorgeheizten Backofen bei 180 Grad 30 bis 40 Minuten backen.

Variante:

Außerhalb der Pilzsaison je 25 g getrocknete Pilze nehmen. Die Pilze vor der Zubereitung 15 Minuten in Wasser einweichen. Gut abtropfen lassen.

Abbildung: Seite 79 (unten)

---

150 g frische Morcheln

200 g frische Steinpilze

350 g Champignons

1 kleine Zwiebel

2 Knoblauchzehen

1 EL Butterschmalz/ Bratbutter

Pfeffer aus der Mühle

Meersalz

2 $1/_2$ l Salzwasser

400 g breite Vollkorn-Bandnudeln

Guss

2 Freilandeier

200 ml/2 dl Milch

200 g/2 dl süße Sahne/Rahm

1 Bund Schnittlauch

60 g geriebener Parmesan

geriebene Muskatnuss

Pfeffer aus der Mühle

Meersalz

Butter für die Form

40 g geriebener Parmesan

Nudel-Gemüse-Gratin

300 g Vollkorn-
Spiralnudeln

2 l Salzwasser

400 g Möhren/Karotten

400 g Brokkoli

1 kleine Zwiebel

1 kleine Knoblauchzehe

1 TL Butterschmalz/
Bratbutter

150 ml/1,5 dl
Gemüsebrühe

Guss

2 Freilandeier

100 ml/1 dl Milch

180 g saure Sahne/
saurer Halbrahm

Pfeffer aus der Mühle

Kräutermeersalz

50 g Reibkäse

Butter für die Form

Tipp

Besonders fein schmeckt dieses Gratin mit frisch gepresstem Orangensaft und geriebener Orangenschale. Dieses Rezept eignet sich auch ausgezeichnet für Gemüsereste.

1. Die Nudeln in kochendem Salzwasser al dente kochen. Abgießen.

2. Die Möhren schälen und in feine Scheiben schneiden. Den Brokkoli in Röschen brechen. Die Zwiebel fein hacken.

3. Die gehackten Zwiebeln und den durchgepressten Knoblauch im Butterschmalz andünsten. Sämtliches Gemüse beifügen und mitdünsten. Die Gemüsebrühe dazugießen, aufkochen und 5 bis 10 Minuten bei niedriger Temperatur köcheln lassen.

4. Den Backofen auf 200 Grad vorheizen.

5. Die gekochten Nudeln und das Gemüse abwechselnd in eine mit Butter eingefettete Gratinform füllen.

6. Für den Guss Eier, Milch und saure Sahne verrühren. Mit Pfeffer und Kräutersalz würzen. Über das vorbereitete Gratin gießen. Mit dem Reibkäse bestreuen.

7. Das Nudel-Gemüse-Gratin im vorgeheizten Backofen bei 200 Grad etwa 20 bis 30 Minuten überbacken.

Abbildung:
Nudel-Pilz-Auflauf (unten), Rezept Seite 77
Nudel-Gemüse-Gratin (oben)

Nudel-Spargel-Auflauf

600 g grüner Spargel

300 g schmale
Vollkorn-Bandnudeln

2 l Salzwasser

Guss

2 Freilandeier

200 ml/2 dl Milch

180 g Kräuter-Frischkäse

Pfeffer aus der Mühle

geriebene Muskatnuss

Meersalz

Butter für die Form

1. Das untere Drittel der Spargel schälen, das Ende kappen, in 3 bis 4 cm lange Stücke schneiden.

2. Die Nudeln und die Spargelstücke in kochendem Salzwasser al dente kochen. Abgießen.

3. Für den Guss Eier, Milch und Kräuter-Frischkäse verrühren. Mit Pfeffer, Muskatnuss und Salz würzen.

4. Den Backofen auf 200 Grad vorheizen.

5. Die Spargelstücke und die Nudeln in eine mit Butter eingefettete Auflaufform füllen. Den Guss darüber gießen.

6. Den Nudel-Spargel-Auflauf im vorgeheizten Backofen bei 200 Grad 30 Minuten backen.

Produktinfo:
Der grüne Spargel ist von feinerem Geschmack und zudem feinfasriger als der weiße Spargel. Deshalb muss nur das untere Drittel, und dieses sparsam, geschält werden.

Abbildung:
Nudel-Spargel-Auflauf (unten)
Überbackene Cannelloni mit Gemüsefüllung (oben),
Rezept Seite 82

Überbackene Cannelloni mit Gemüsefüllung

16-20 Vollkorn-Cannelloni

1 $1\frac{1}{2}$ l Salzwasser

Füllung

250 g Lauch

250 g Möhren/Karotten

150 g Knollensellerie

250 ml/2,5 dl Gemüsebrühe

50 g Sojasprossen

Béchamelsauce

1 EL Butter

2 EL Weizenvollkornmehl (Type 1900)

350 ml/3,5 dl Milch

60 g geriebener Parmesan

Pfeffer aus der Mühle

geriebene Muskatnuss

Meersalz

Butter für die Form

Tipp

Anstelle der Cannelloni können auch gekochte Lasagneblätter verwendet werden.

1. Die Cannelloni in kochendem Salzwasser al dente kochen. Herausnehmen und abtropfen lassen.

2. Für die Gemüsefüllung den Lauch putzen und in sehr feine Scheiben schneiden. Die Möhren und den Sellerie schälen und mit dem Gemüsehobel/der Röstiraffel grob raspeln. In der Gemüsebrühe 5 Minuten garen. Die Sojasprossen untermischen.

3. Den Backhofen auf 220 Grad vorheizen.

4. Für die Béchamelsauce die Butter in einer Pfanne schmelzen, das Mehl dazugeben und andünsten. Die Milch dazugießen und unter ständigem Rühren aufkochen. Bei niedriger Temperatur etwa 5 Minuten köcheln lassen. Die Pfanne beiseite stellen und den geriebenen Parmesan unterrühren. Mit Pfeffer, Muskatnuss und Salz würzen.

5. Die Cannelloni mit der Gemüsemischung füllen und in eine mit Butter eingefettete, weite Gratinform legen. Die Béchamelsauce darüber gießen.

6. Die gefüllten Cannelloni im vorgeheizten Backofen bei 220 Grad 15 bis 20 Minuten überbacken.

Abbildung: Seite 81 (oben)

Älpler-Makkaroni-Gratin

1. Die Kartoffeln in der Schale im Dampf garen. Etwas abkühlen lassen, dann schälen und in 5 mm dicke Scheiben schneiden.

2. Die Makkaroni in kochendem Salzwasser al dente kochen. Abgießen.

3. Die Zwiebeln in feine Streifen schneiden und im Butterschmalz andünsten.

4. Den Backofen auf 200 Grad vorheizen.

5. Für den Guss süße Sahne, Milch und Reibkäse-mischung verrühren. Mit Pfeffer, Muskatnuss und Salz würzen.

6. Kartoffelscheiben, Zwiebelstreifen, Makkaroni und Guss sorgfältig mischen und in eine mit Butter ein-gefettete Gratinform füllen.

7. Das Älpler-Makkaroni-Gratin im vorgeheizten Backofen bei 200 Grad etwa 25 Minuten backen.

Variante:
Dieses alte Schweizer Rezept wird häufig auch mit Apfelscheiben zubereitet.

500 g Kartoffeln

500 g Vollkorn-Makkaroni
2 ¹/₂ l Salzwasser

200 g Zwiebeln
1 EL Butterschmalz/ Bratbutter

Guss
200 g/2 dl süße Sahne/Rahm
250 ml/2,5 dl Milch
150 g würzige Reibkäsemischung
Pfeffer aus der Mühle
geriebene Muskatnuss
Meersalz

Butter für die Form

Tipp

Zusätzlich kann man geröstete Brotwürfelchen untermischen.

Makkaroni-Paprika-Auflauf

400 g kleine
Vollkorn-Makkaroni

2 l Salzwasser

**je 1 rote, gelbe und
grüne Paprikaschote**

1 kleine Zwiebel

**2 EL kaltgepresstes
Olivenöl**

Guss

2-3 Freilandeier

300 ml/3 dl Milch

200 g/2 dl süße
Sahne/Rahm

100 g kräftiger Reibkäse

Pfeffer aus der Mühle

geriebene Muskatnuss

Meersalz

Butter für die Form

1. Die Makkaroni in kochendem Salzwasser al dente kochen. Abgießen.

2. Die Paprikaschoten halbieren, Stielansatz und Kerne entfernen. Die Fruchthälften klein würfeln. Die Zwiebeln fein hacken.

3. Die gehackten Zwiebeln im Olivenöl andünsten, die Paprikawürfelchen beifügen und mitdünsten. Beiseite stellen.

4. Den Backofen auf 200 Grad vorheizen.

5. Für den Guss Eier, Milch, süße Sahne und Reibkäse verrühren. Mit Pfeffer, Muskatnuss und Salz würzen.

6. Die gekochten Makkaroni und das Paprikagemüse abwechselnd in eine mit Butter eingefettete Auflaufform füllen. Den Guss darüber gießen.

7. Den Makkaroni-Paprika-Auflauf im vorgeheizten Backofen bei 200 Grad etwa 30 Minuten backen.

Buntes Spiralnudel-Gratin

400 g Vollkorn-Spiralnudeln

2 ½ l Salzwasser

1 kleiner Stauden-/Stangensellerie (etwa 8 mittelgroße Stängel)

2 Knoblauchzehen

2 EL kaltgepresstes Olivenöl

150 ml/1,5 dl Gemüsebrühe

5 Tomaten

200 g Maiskörner (aus der Dose)

12 entsteinte schwarze Oliven

Pfeffer aus der Mühle

Meersalz

200 g/2 dl süße Sahne/Rahm

60 g kräftiger Reibkäse

Butter für die Form

1. Die Spiralnudeln in kochendem Salzwasser al dente kochen. Herausnehmen und abtropfen lassen.

2. Den Stielansatz der Tomaten kreisförmig herausschneiden, die Früchte würfeln. Die Oliven vierteln.

3. Den Staudensellerie je nach Dicke schälen, d.h. die groben Fasern abziehen. In 1 cm kleine Stücke schneiden. Die Knoblauchzehen fein hacken.

4. Den gehackten Knoblauch im Olivenöl andünsten. Die Selleriestückchen beifügen und mitdünsten. Mit der Gemüsebrühe aufgießen, einige Minuten köcheln lassen.

5. Den Backofen auf 200 Grad vorheizen.

6. Eine weite Gratinform mit Butter einfetten. Die gekochten Spiralnudeln abwechselnd mit dem Selleriegemüse, den Tomatenwürfeln, den Maiskörnern und den Olivenstückchen in die Form füllen. Mit Pfeffer und Salz würzen. Die Sahne darüber gießen, mit dem Reibkäse bestreuen.

7. Das Spiralnudel-Gratin im vorgeheizten Backofen bei 200 Grad 20 bis 30 Minuten backen.

Variante:

Die Tomaten durch 2 rote Paprikaschoten ersetzen, die mit den Selleriestückchen mitgegart werden.

Lasagne mit Gemüsefüllung

1. Die Lasagneblätter in kochendem Salzwasser al dente kochen. Die Blätter herausnehmen und abtropfen lassen.

2. Die Zwiebel und die Knoblauchzehen fein hacken. Die Möhren und den Sellerie schälen und klein würfeln. Den Lauch in feine Scheiben und den Stielmangold in feine Streifen schneiden. Den Stielansatz der Tomaten kreisförmig herausschneiden, die Früchte zerkleinern. Die Kräuter fein hacken.

3. Gehackte Zwiebeln, gehackten Knoblauch und klein geschnittenes Gemüse im Olivenöl andünsten. Gemüsebrühe, Tomaten und fein geschnittene Kräuter dazugeben. Mit Pfeffer, Muskatnuss und Salz würzen. Das Gemüse bei niedriger Temperatur 15 bis 20 Minuten köcheln lassen. Die saure Sahne unterrühren und nach Belieben abschmecken.

4. Den Backofen auf 220 Grad vorheizen.

5. Eine große, längliche Gratinform mit Butter einfetten. Den Boden der Form mit der Gemüsemischung bedecken. Dann folgt eine Lage Lasagneblätter, dann wieder Gemüse usw. Immer wieder geriebenen Parmesan einstreuen. Abschließen mit Gemüse. Den restlichen Parmesan über die fertige Lasagne streuen.

6. Die Lasagne im vorgeheizten Backofen bei 220 Grad etwa 45 Minuten backen. Gegen Ende der Backzeit die Lasagne mit Folie abdecken.

8-12 Vollkorn-Lasagneblätter

2 $\frac{1}{2}$ l Salzwasser

Füllung

1 kleine Zwiebel

2 Knoblauchzehen

350 g Möhren/Karotten

$\frac{1}{2}$ Knollensellerie

350 g Lauch oder Stielmangold/Krautstiele

2-3 EL kaltgepresstes Olivenöl

200 ml/2 dl Gemüsebrühe

400 g Tomaten aus der Dose

frische Kräuter, z.B. Thymian, Oregano, Basilikum

Pfeffer aus der Mühle

geriebene Muskatnuss

Meersalz

180 g saure Sahne/ saurer Halbrahm

150 g geriebener Parmesan

Butter für die Form

Tipp

Für eine sommerliche Lasagne als Füllung ein Ratatouille (siehe Seite 22) nehmen.

Lasagne mit Kürbisfüllung

1. Die Lasagneblätter in kochendem Salzwasser al dente kochen. Die Blätter herausnehmen und abtropfen lassen.

2. Die Zwiebel fein hacken. Den Kürbis schälen und entkernen, in 2 cm große Würfel schneiden. Die Steinpilze putzen und je nach Größe klein schneiden.

3. Gehackte Zwiebeln, Kürbiswürfel und Pilze im Butterschmalz andünsten. Die Gemüsebrühe und die Gewürze beifügen. 5 bis 10 Minuten bei niedriger Temperatur dünsten. Die Kürbiswürfel sollten noch Biss haben. Die süße Sahne dazugeben und nach Belieben abschmecken.

4. Den Backofen auf 220 Grad vorheizen.

5. Eine große, längliche Gratinform mit Butter einfetten. Den Boden der Form mit dem Kürbisgemüse bedecken. Dann folgt eine Lage Lasagneblätter, dann Kürbisgemüse usw. Abschließen mit Kürbisgemüse. Immer wieder geriebenen Parmesan einstreuen. Den restlichen Parmesan über die fertige Lasagne streuen.

6. Die Kürbis-Lasagne im vorgeheizten Backofen bei 220 Grad etwa 45 Minuten backen. Gegen Ende der Backzeit die Lasagne mit Folie abdecken.

12 Vollkorn-Lasagneblätter

2 1/2 l Salzwasser

Füllung

1 kleine Zwiebel

750 g Kürbis, z.B. Oranger Knirps (Potimarron)

150 g frische Steinpilze oder Morcheln

2 TL Butterschmalz/Bratbutter

150 ml/1,5 dl Gemüsebrühe

1-2 TL milder Curry

1/2 TL Ingwerpulver

1 Msp Zimtpulver

1 Prise Nelkenpulver

Pfeffer aus der Mühle

geriebene Muskatnuss

Meersalz

200 g/2 dl süße Sahne/Rahm

60 g geriebener Parmesan

Butter für die Form

Süßspeisen

Süßfruchtiges zum Verführen

Birnen-Grieß-Auflauf

4-5 Birnen, z.B. Williams
2 EL Zitronensaft
3 Freilandeier
70 g Birnendicksaft oder Vollrohrzucker
200 g Sahne-/ Rahmquark
50 g gehackte Haselnüsse
2 EL Vollkorngrieß
1 Zitrone, abgeriebene Schale
2 EL eingeweichte Rosinen
1/2 TL Zimtpulver
Butter für die Form

Tipp

Anstelle der Birnen können auch Äpfel oder reife Pflaumen/Zwetschgen verwendet werden.

1. Die Birnen schälen, vierteln und das Kerngehäuse entfernen. Die Fruchtviertel quer in feine Scheiben schneiden, sofort mit dem Zitronensaft beträufeln.

2. Die Eier und den Birnendicksaft oder den Vollrohrzucker mit dem Schneebesen luftig aufschlagen.

3. Den Backofen auf 180 Grad vorheizen.

4. Quark, Haselnüsse, Vollkorngrieß, Zitronenschalen und abgetropfte Rosinen unter die Eimasse rühren. Am Schluss die Birnenscheiben sorgfältig untermischen.

5. Die Birnen-Grieß-Masse in eine mit Butter eingefettete Auflaufform füllen.

6. Den Birnen-Grieß-Auflauf im vorgeheizten Backofen bei 180 Grad 40 bis 50 Minuten backen. Mit Zimtpulver bestreuen.

Produktinfo:

Birnendicksaft und Vollrohrzucker sind natürliche Süßmittel. Vor allem der Birnendicksaft hat einen intensiven Eigengeschmack. Beide Süßmittel werden sparsam dosiert.

Variante:

Der Vollkorngrieß kann durch fein zerbröckelten Vollkornzwieback ersetzt werden.

Apfel-Auflauf

1. Die geriebenen Mandeln in einer Bratpfanne ohne Fettzugabe leicht rösten.

2. Ei, Quark und Vollrohrzucker gut verrühren, geriebene Mandeln und Limettenschalen unterrühren.

3. Den Backofen auf 180 Grad vorheizen.

4. Eine Auflaufform mit Butter einfetten und die Quarkmasse einfüllen.

5. Die Äpfel schälen, vierteln und das Kerngehäuse entfernen. In feine Scheiben schneiden. Die Apfelscheiben ziegelartig auf die Quarkmasse legen. Die Mandelblättchen und den Vollrohrzucker darüber streuen.

6. Den Apfel-Auflauf im vorgeheizten Backofen bei 180 Grad etwa 20 Minuten backen.

1 Freilandei

100 g Sahne-/
Rahmquark

2 EL Vollrohrzucker

3 EL geriebene Mandeln

1 TL abgeriebene
Limetten- oder
Zitronenschale

2-3 Äpfel

1 EL Mandelblättchen

1-2 TL Vollrohrzucker

Butter für die Form

Abbildung: Seite 95 (oben)

Orangen-Grapefruit-Gratin

2 Orangen

2 rosa Grapefruits

3 EL frisch gepresster Orangensaft

1 TL Akazienhonig

1 Freilandei

1 Eigelb

2 EL Akazienhonig

Saft einer Orange

1 TL Bourbon-Vanillepulver

einige Zitronen-melisseblättchen

Butter für die Form

1. Die Orangen und die Grapefruits oben und unten kappen. Die Schale am Fruchtfleisch entlang herunter schneiden. Mit dem Messer an den beiden dünnen Fruchthäutchen der Schnitze entlang schneiden. Die Filets herauslösen.

2. Den Backofen auf 220 Grad vorheizen.

3. Die Form mit Butter einfetten. Die Fruchtfilets abwechselnd kreisförmig in die Form legen. Den Orangensaft und den Honig gut verrühren, über die Früchte träufeln.

4. Ei, Eigelb, Honig, Orangensaft und Vanillepulver in eine hohe Schüssel geben, über dem kochenden Wasserbad mit dem Schneebesen zu einer luftigen Masse aufschlagen. Die Fruchtfilets mit der Eigelbmasse überziehen.

5. Das Orangen-Grapefruit-Gratin im vorgeheizten Ofen bei 220 Grad 10 Minuten überbacken. Mit Zitronenmelisseblättchen garnieren. Sofort servieren.

Abbildung:
Orangen-Grapefruit-Gratin (unten)
Apfel-Auflauf (oben), Rezept Seite 93

Kirsch-Auflauf

450 g schwarze Kirschen

Guss

2 Freilandeier

2 EL Birnendicksaft

200 g saure Sahne/ Sauerrahm

150 g/1,5 dl süße Sahne/Rahm

1 Vanilleschote

40 g Mandelstifte

Butter für die Form

1. Die Kirschen entsteinen und in einem Sieb abtropfen lassen.

2. Den Backofen auf 200 Grad vorheizen.

3. Für den Guss die Eier und den Birnendicksaft mit dem Schneebesen zu einer luftigen Masse aufschlagen. Die saure Sahne und die süße Sahne unterrühren. Die Vanilleschote längs aufschneiden, das Mark ausschaben und zur Eimasse geben.

4. Eine Auflaufform mit Butter einfetten. Die Kirschen einfüllen und den Guss darüber gießen. Mit den Mandelstiften bestreuen.

5. Den Kirsch-Auflauf im vorgeheizten Backofen bei 200 Grad etwa 45 Minuten backen. Gegen Ende der Backzeit mit Folie abdecken.

Variante:
Besonders fein schmeckt dieser Auflauf mit Sauerkirschen.

Hirse-Apfel-Auflauf

1. Die Milch aufkochen und die Goldhirse einrühren. Das Zimtpulver und das Salz beifügen. Etwa 20 Minuten bei niedriger Temperatur köcheln lassen, bis ein dicker Brei entstanden ist. Von Zeit zu Zeit rühren. Den Brei etwas abkühlen lassen.

2. Vollrohrzucker, Eigelb und Butter mit dem Schneebesen luftig aufschlagen, unter den Hirsebrei rühren.

3. Den Backofen auf 180 Grad vorheizen.

4. Die Äpfel schälen. Die Hälfte der Äpfel mit der Rohkostreibe in den Brei reiben und umrühren.

5. Die restlichen Äpfel vierteln, entkernen und in kleine Würfel schneiden. Die Apfelwürfelchen mit dem Zitronensaft beträufeln. Zusammen mit den abgetropften Rosinen unter den Brei rühren.

6. Das Eiweiß mit der Prise Salz steif schlagen und locker unter die Hirse-Apfel-Masse heben. In eine mit Butter eingefettete Auflaufform füllen.

7. Den Hirse-Apfel-Auflauf im vorgeheizten Backofen bei 180 Grad etwa 45 Minuten backen.

Variante:
Die Äpfel durch Birnen ersetzen oder die Äpfel mit Birnen mischen.

---

650 ml/6,5 dl Milch

120 g Goldhirse

$1/4$ TL Zimtpulver

$1/4$ TL Meersalz

75 g Vollrohrzucker

2 Eigelb

40 g Butter

4-5 Äpfel

2 EL Zitronensaft

2 EL eingeweichte Rosinen

2 Eiweiß

1 Prise Meersalz

Butter für die Form

Erdbeer-Quark-Auflauf

1. Die Erdbeeren waschen und entstielen.

2. Die Erdbeeren in eine mit Butter eingefettete Auflaufform füllen.

3. Den Backofen auf 180 Grad vorheizen.

4. Quark, Eigelb, Honig und geriebene Zitronenschalen gut verrühren.

5. Das Eiweiß mit der Prise Salz zu Schnee schlagen und sorgfältig unter die Quarkmasse heben. Über die Erdbeeren verteilen.

6. Den Erdbeer-Quark-Auflauf im vorgeheizten Backofen bei 180 Grad etwa 25 Minuten überbacken. Mit den Pistazien bestreuen.

500 g Erdbeeren

450 g Magerquark

2 Eigelb

2 EL Akazienhonig

etwas abgeriebene Zitronenschale

2 Eiweiß

1 Prise Meersalz

1 EL ungesalzene Pistazien

Butter für die Form

Tipp

Es eignen sich auch andere Beeren für dieses einfache und schnelle Dessert.

Birnen mit Zabaione überbacken

8 Birnen, z. B. Williams

300 ml/3 dl Wasser

2 EL Zitronensaft

Zabaione

3 Freilandeier

75 g Akazienhonig

etwas abgeriebene Zitronenschale

1 Msp Bourbon-Vanillepulver

50 ml/0,5 dl Marsala (italienischer Dessertwein)

Butter für die Form

2 EL Mandelblättchen

1. Die Birnen schälen, halbieren und das Kerngehäuse entfernen. Die Birnenhälften nebeneinander in eine weite Pfanne legen. Das Zitronenwasser darüber gießen, aufkochen und die Birnen bei niedriger Temperatur knapp weich kochen. Die Birnenhälften herausnehmen, abtropfen lassen und längs in Scheiben schneiden.

2. Den Backofen auf Grillstufe vorheizen.

3. Eine flache Gratinform mit Butter einfetten und die Birnenscheiben ziegelartig einschichten.

4. Die Zutaten für die Zabaione in eine hohe Schüssel geben, über dem kochenden Wasserbad mit dem Schneebesen zu einer luftigen Masse aufschlagen. Über die Birnenscheiben verteilen. Mit den Mandelblättchen bestreuen.

5. Das Birnengratin 1 bis 2 Minuten auf Grillstufe oder knapp 5 Minuten auf oberem Einschub im vorgeheizten Backofen bei 250 Grad Oberhitze überbacken. Sofort servieren.

Variante:
Besonders köstlich schmeckt dieses Rezept mit frischen Himbeeren, die roh mit der Zabaione übergossen und kurz überbacken werden.

Pfirsich-Auflauf

1. Die Pfirsiche kurz in kochendes Wasser tauchen und die Haut abziehen. Die Früchte halbieren, entsteinen und in Schnitze schneiden.

2. Die Pfirsichschnitze in eine mit Butter eingefettete Auflaufform einschichten.

3. Den Backofen auf 200 Grad vorheizen.

4. Die Eier und den Honig mit dem Schneebesen zu einer luftigen Masse aufschlagen. Die Vanilleschote längs aufschneiden, das Mark ausschaben und unter die Eimasse rühren. Die Zitronenschalen und die süße Sahne unterrühren. Über die Pfirsichschnitze verteilen.

5. Den Pfirsich-Auflauf im vorgeheizten Backofen bei 200 Grad etwa 30 Minuten backen. Mit der fein geschnittenen Pfefferminze garnieren.

Produktinfo:
Der Akazienhonig ist ein sehr geschmacksneutraler Honig von mildem Aroma. Er eignet sich deshalb hervorragend zum Süßen. Da er flüssig ist, läßt er sich leicht dosieren.

Abbildung: Seite 102 (oben)

5 Pfirsiche

3 Freilandeier
60 g Akazienhonig
1 Vanilleschote
1 Zitrone, abgeriebene Schale
250 g/2,5 dl süße Sahne/Rahm

Butter für die Form

einige Pfefferminzblättchen

Tipp
Dieses einfache Rezept schmeckt auch mit Aprikosen oder Sauerkirschen ausgezeichnet.

Pflaumen-Feigen-Gratin

1. Die Pflaumen halbieren, entsteinen, den Stielansatz herausschneiden, die Fruchthälften in kleine Würfel schneiden. Die Fruchtwürfelchen ohne Wasserzugabe 5 bis 10 Minuten bei niedriger Temperatur köcheln lassen. Anschließend sehr fein pürieren.

2. Den Backofen auf 180 Grad vorheizen.

3. Eigelb und Akazienhonig in eine hohe Schüssel geben, über dem kochenden Wasserbad mit dem Schneebesen zu einer luftigen Masse aufschlagen. Sorgfältig mit dem Pflaumenpüree vermischen.

4. Das Eiweiß mit der Prise Salz steif schlagen, sorg-fältig unter die Pflaumenmasse heben.

5. Den Stielansatz der Feigen wegschneiden. Die Früchte in Schnitze schneiden.

6. Die Feigen in vier kleine mit Butter eingefettete Gratinformen verteilen, mit der luftigen Pflaumenmasse überziehen.

7. Das Pflaumen-Feigen-Gratin im vorgeheizten Backofen bei 180 Grad 10 bis 15 Minuten überbacken. Sofort servieren.

für 4 Portionenförmchen

120 g Pflaumen/ Zwetschgen

1 Eigelb
1 EL Akazienhonig

1 Eiweiß
1 Prise Meersalz

8 frische Feigen

Butter für die Förmchen

Abbildung:
Pflaumen-Feigen-Gratin (unten)
Pfirsich-Auflauf (oben), Rezept Seite 101

Stachelbeer-Zwieback-Auflauf

80 g Vollrohrzucker

2 Eigelb

1 Zitrone, abgeriebene Schale und Saft

1 TL Bourbon-Vanillepulver

150 g Vollkornzwieback

250 ml/2,5 dl Milch

2 Eiweiß

1 Prise Meersalz

500 g Stachelbeeren

3 EL gehackte Mandeln oder Haselnüsse

Butter für die Form

Tipp

Dazu passt eine Vanille-sauce (Rezept Seite 105).

1. Vollrohrzucker, Eigelb und Zitronensaft mit dem Schneebesen luftig aufschlagen. Die Zitronenschalen und das Vanillepulver unterrühren.

2. Die Zwiebackscheiben in der Milch kurz einweichen.

3. Den Backofen auf 200 Grad vorheizen.

4. Das Eiweiß mit der Prise Salz steif schlagen.

5. Die Hälfte der Stachelbeeren mit der Eigelbmasse vermengen. Den Eischnee sorgfältig unterheben.

6. Die eingeweichten Zwiebackscheiben abwechselnd mit der Stachelbeermasse in eine mit Butter eingefettete Auflaufform schichten. Mit den restlichen Stachelbeeren abschließen. Die gehackten Nüsse darüber streuen.

7. Den Stachelbeer-Zwieback-Auflauf im vorgeheizten Backofen bei 200 Grad 30 bis 40 Minuten backen. Warm oder kalt servieren.

Variante:

Die Menge der Stachelbeeren halbieren und durch Erdbeeren ersetzen. Vollreife Stachelbeeren schmecken leicht sauer und sind je nach Sorte gelblich-grün oder violett-dunkelrot gefärbt.

Vanillesauce

1. Die Vanilleschote längs aufschneiden und das Mark ausschaben. Schotenhälften, Vanillemark und Milch aufkochen, etwa 5 Minuten leicht köcheln lassen. Die Schotenhälften entfernen.

2. Das Eigelb und den Akazienhonig mit dem Schneebesen zu einer luftigen Masse aufschlagen und diese langsam in die warme Mich einrühren. Das Pfeilwurzelmehl dazusieben und unter ständigem Rühren köcheln lassen, bis die Sauce andickt. Die Pfanne vom Herd nehmen und die Sauce auskühlen lassen.

Produktinfo:

Gute Vanilleschoten sind lang, dunkelbraun, biegsam und sehr aromatisch. Der Zusatz »Bourbon« ist ein Gütesiegel, das nur Vanille bester Qualität verdient. Für Vanillepulver werden ganze Schoten nach einem speziellen Gärungs- und Trocknungsverfahren pulverisiert. Echter Vanillezucker wird im Gegensatz zu synthetisch hergestelltem Vanillin mit klein geschnittenen Vanilleschoten aromatisiert.

Pfeilwurzelmehl ist ein geschmacksneutrales Stärkemehl zum Binden. Als Ersatz kann Mais- oder Kartoffelstärke verwendet werden.

1 Vanilleschote
400 ml/4 dl Milch
2 Eigelb
2 EL Akazienhonig
$1/_2$ EL Pfeilwurzelmehl

Früchte-Reis-Auflauf

300 g Rundkorn-
Naturreis

700 ml/7 dl Wasser

200 ml/2 dl Milch

1 Vanilleschote

500 g Saisonfrüchte,
z. B. Aprikosen, Pfirsiche,
Birnen, Beeren

1 Zitrone, abgeriebene
Schale und Saft

3 Eigelb

3-5 EL Vollrohrzucker
oder Honig, je nach Süße
der Früchte

200 g/2 dl süße
Sahne/Rahm

3 Eiweiß

1 Prise Meersalz

Butter für die Form

Tipp

*Ausgezeichnet schmeckt
auch eine Mischung
aus verschiedenen Beeren.*

1. Den Reis und das Wasser aufkochen, 20 Minuten bei niedriger Temperatur köcheln lassen.

2. Die Vanilleschote längs aufschneiden, das Mark ausschaben. Vanilleschote, Vanillemark und Milch unter den Reis rühren. Auf der ausgeschalteten Wärmequelle zugedeckt 30 bis 40 Minuten quellen lassen. Die Vanilleschote entfernen.

3. Die Früchte waschen, je nach Sorte schälen, entsteinen oder entkernen, klein schneiden. Mit dem Zitronensaft beträufeln.

4. Das Eigelb und den Vollrohrzucker oder den Honig mit dem Schneebesen zu einer luftigen Masse aufschlagen. Die geriebenen Zitronenschalen und die süße Sahne unterrühren. Sorgfältig mit dem gekochten Reis mischen.

5. Den Backofen auf 180 Grad vorheizen.

6. Das Eiweiß und die Prise Salz zu Schnee schlagen, unter die Reismasse heben.

7. Eine Auflaufform mit Butter einfetten. Die Reismasse und die Früchte abwechselnd in die Form verteilen.

8. Den Früchte-Reis-Auflauf im vorgeheizten Backofen bei 180 Grad etwa 50 Minuten backen.

Aprikosen-Haferflocken-Auflauf

350 g Sahne-/
Rahmquark

100 ml/1 dl Milch

2 Eigelb

1-2 EL Akazienhonig, je
nach Süße der Aprikosen

2 EL geriebene Mandeln

100 g feine Haferflocken

2 Eiweiß

1 Msp Bourbon-
Vanillepulver

1 Prise Meersalz

500 g Aprikosen

2 EL Mandelblättchen

Butter für die Form

1. Quark, Milch, Eigelb und Honig gut verrühren. Die Mandeln und die Haferflocken unterrühren.

2. Den Backofen auf 200 Grad vorheizen.

3. Das Eiweiß mit dem Vanillepulver und der Prise Salz steif schlagen. Sorgfältig unter die Quarkmasse heben.

4. Die Aprikosen halbieren, entsteinen, den Stielansatz herausschneiden. Die Fruchthälften halbieren.

5. Die Aprikosenviertel in eine mit Butter eingefettete Auflaufform verteilen. Mit der Quarkmasse überziehen.

6. Den Aprikosen-Haferflocken-Auflauf im vorgeheizten Backofen bei 200 Grad 30 bis 40 Minuten backen.

7. Die Mandelblättchen in einer Bratpfanne ohne Fettzugabe leicht rösten. Vor dem Servieren über den Auflauf streuen.

Produktinfo:
Je nach Früchteangebot kann variiert werden. Besonders fein schmeckt der Auflauf mit Vanillequark und entsteinten Sauerkirschen.

Rhabarber-Auflauf

1. Den Rhabarber putzen und in 2 bis 3 cm lange Stücke schneiden.

2. Für den Guss Eier, Vollrohrzucker und süße Sahne mit dem Schneebesen gut verrühren. Den Erdbeerquark und das Vanillepulver unterrühren.

3. Den Backofen auf 180 Grad vorheizen.

4. Für das Kompott die Erdbeeren entstielen, die Früchte je nach Größe halbieren, vierteln oder zerkleinern. Den Rhabarber putzen und in kleine Würfel schneiden. Erdbeerstücke und Rhabarberwürfel zusammen mit dem Vollrohrzucker erhitzen, bei niedriger Temperatur einige Minuten köcheln lassen, bis ein Kompott entsteht.

5. Eine Auflaufform mit Butter einfetten. Die rohen Rhabarberstücke abwechselnd mit den in kleine Stücke gebrochenen Zwiebackscheiben einschichten. Über jede Schicht etwas Guss verteilen. Mit Rhabarberstückchen abschließen. Den restlichen Guss darüber gießen.

6. Den Rhabarber-Auflauf im vorgeheizten Backofen bei 180 Grad 40 bis 50 Minuten backen.

7. Den Auflauf lauwarm oder kalt mit dem Erdbeerkompott anrichten. Mit der geschlagenen Sahne und den Pfefferminzblättchen garnieren.

---

600 g Rhabarber

80 g Vollkornzwieback

Guss

4 Freilandeier

80 g Vollrohrzucker

250 g/2,5 dl süße Sahne/Rahm

200 g Erdbeer-Früchtequark

$1/2$ TL Bourbon-Vanillepulver

Erdbeerkompott

500 g Erdbeeren

150 g Rhabarber

2 EL Vollrohrzucker

150 g/1,5 dl süße Sahne/Rahm

einige Pfefferminzblättchen

Butter für die Form

Aprikosen-Gratin

300 g Sahne-/Rahmquark

2 Eigelb

2 EL Vollrohrzucker

2 EL Aprikosen-
marmelade

etwas abgeriebene
Orangenschale

2 Eiweiß

1 Prise Meersalz

1 TL Grand Marnier oder
Cointreau, nach Belieben

8-12 reife Aprikosen,
je nach Größe

Butter für die Form

einige Zitronenmelisse-
blättchen

Tipp

*Köstlich schmeckt dieses
Dessert mit einer Kugel
selbstgemachtem Vanilleeis.*

1. Den Quark und das Eigelb verrühren. Vollrohrzucker, Aprikosenmarmelade und Orangenschalen
unterrühren.

2. Den Backofen auf 220 Grad vorheizen.

3. Das Eiweiß und die Prise Salz zu Schnee schlagen,
sorgfältig unter die Quarkmasse heben. Nach Belieben
mit Grand Marnier oder Cointreau aromatisieren.

4. Die Quarkmasse gleichmäßig in eine mit Butter
eingefettete Gratinform verteilen.

5. Die Aprikosen halbieren und entsteinen, auf die
Quarkmasse legen.

6. Das Aprikosen-Gratin im vorgeheizten Backofen
bei 220 Grad etwa 15 Minuten überbacken. Mit
Zitronenmelisseblättchen garnieren.

Produktinfo:

Vollrohrzucker ist im Gegensatz zu braunem Zucker
oder Rohzucker unraffiniert. Er enthält noch alle Mine-
ralstoffe und ist von natürlichem, angenehm feinem
Karamellgeschmack. Vollrohrzucker eignet sich zum
Süßen von Gebackenem und Cremes.

Register

Ananas 42
Apfel 36, 42, 43, 92, 93, 97
Aprikose 106, 108, 110
Aubergine 20, 22, 24, 33

Béchamelsauce 16, 24
Beeren 106
Birne 46, 92, 100, 106
Blumenkohl 33, 57, 69
Bohnen, grüne 33, 61
Brokkoli 28, 78

Eierguss 11
Eierguss-Ersatz 11
Eischnee 12
Erdbeere 99, 109

Fenchel 30, 63

Grapefruit 94

Kalorien 12
Karotte, siehe Möhre
Kartoffel 12, 24, 40, 42, 43,
    45, 46, 47, 48, 50, 52, 53,
    55, 56, 57, 83
Käse 13
Kirsche 96
Knollensellerie 16, 34, 62,
    82, 87
Kohlrabi 34, 72
Krautstiel, siehe Stiel-
    mangold
Kruste 13
Kürbis 31, 89

Lauch 37, 40, 47, 48, 63, 70,
    76, 82, 87

Möhre 16, 33, 35, 37, 48,
    62, 63, 70, 78, 82, 87

Orange 94

Paprikaschote 22, 84
Pastinake 16, 35
Peperoni, siehe Paprika-
    schote
Pfirsich 101, 106
Pflaume 103
Pilze 52, 62, 63, 66, 67,
    77, 89

Rhabarber 109
Rosenkohl 66

Sauerkraut 56
Schwarzwurzel 17
Spargel 53, 80
Spinat 64, 70
Stachelbeere 104
Staudensellerie 86
Stielmangold 25, 87

Tomate 18, 22, 24, 60,
    61, 64, 67, 86
Tomatensauce 21
Topinambur 16, 36, 47

Vanillesauce 105

Wirsing 26, 45

Zabaione 100
Zucchino 18, 22, 24, 50, 63
Zuckermais 40
Zwetschge, siehe Pflaume